美业店就要这么开

美业店轻松赚钱的六大经营智慧

梁菊 著

中国经济出版社
CHINA ECONOMIC PUBLISHING HOUSE
北京

图书在版编目（CIP）数据

美业店就要这么开：美业店轻松赚钱的六大经营智慧 / 梁菊著.
—北京：中国经济出版社，2018.8（2020.4 重印）
ISBN 978-7-5136-5286-5

Ⅰ.①美… Ⅱ.①梁… Ⅲ.①美容—服务业—商业企业管理
Ⅳ.① F719.9

中国版本图书馆 CIP 数据核字（2018）第 162790 号

责任编辑	焦晓云
责任印制	马小宾
封面设计	周　飞

出版发行	中国经济出版社
印 刷 者	北京富泰印刷有限责任公司
经 销 者	各地新华书店
开　　本	710mm×1000mm　1/16
印　　张	16
字　　数	169 千字
版　　次	2018 年 8 月第 1 版
印　　次	2020 年 4 月第 3 次
定　　价	58.00 元

广告经营许可证　京西工商广字第 8179 号

中国经济出版社 网址 www.economyph.com 社址 北京市东城区安定门外大街 58 号 邮编 100011
本版图书如存在印装质量问题，请与本社销售中心联系调换（联系电话：010-57512564）

版权所有　盗版必究（举报电话：010-57512600）
国家版权局反盗版举报中心（举报电话：12390）　　服务热线：010-57512564

梦想
是要有的，万一实现了呢

"在我们内心深处，

曾经藏着一个又一个不同的梦想。

不要奢望别人能给你经济上的任何帮助，

钱对任何人都是不够用的——

有一万元的人想干两万元的事，

有十万元的人想干二十万元的事。

人要为梦想而努力！

传递梦想，梦想成真！

我为坚持梦想的人服务，持续进步！

永不放弃，超越自己！"

这是我自己的美业信条，也是多年来我一直坚持的梦想。我始终相信，只要有梦想，坚持下去，就一定能实现。

2009年，我带着三个梦想开店创业：

第一个梦想是一定要开10家以上的直营连锁店；

第二个梦想是一定要帮助5万以上的中国人远离肥胖困扰；

第三个梦想是一定要把企业管理变得简单、变得轻松，成为一个每月只上3天班的老板。

后来，我做到了，我用自己的努力捍卫了我的梦想！

从2009年起，我的美业版图一直在扩大，如今我已成立12家直营店、3家分公司（分别设在陕西西安、新疆乌鲁木齐、新疆库尔勒）！

你们是不是也有很多梦想呢？也许很多人觉得梦想很难实现，这部分人一定很想知道到底是什么原因让梦想化为一个又一个泡影。我想告诉他们：这个世界除了你自己，没有谁可以阻挠你实现梦想！我们最大的敌人就是自己。

梦想一定要有，但是不能空有梦想而不去执行。我一直坚信：态度决定行为，行为决定习惯，习惯决定性格，性格决定命运！

你有什么样的心态，就有什么样的行动，久而久之就会养成一种习惯，习惯久了，就会演变成你的性格，性格决定你的命运！这就是习惯的力量。

人类因梦想而伟大。如果你有梦想，如果你想提升自己、改变自己并且愿意学习，那么，我们就可以说，你其实是在尽最大可能实现你的梦想。可能你尝试了无数的方法，却感觉收获并不大，为此感到茫然无措。在这里我想对你说：过去不代表未来，只要你下定决心去开店，只要你愿意付出努力扎扎实实地去做，再加上本书中提到的轻松开店方法，你终有一天会成功。这也是我写这本书的初衷——希望可以帮助更多有梦想的美业人实现梦想。

在这本书里，我对自己多年的美业经验进行了系统整理和总结，呈现一种"悦轻松开店"智慧模式，希望可以助力你的美业梦想轻松成真。

每一个美业人的梦想都是从开店开始的，在这里，请先回忆一下你开店的初心是什么？我认为需要从五个方面来考虑：

一、我们的店是为谁开的？

二、他们需要的是什么？

三、我们能在多大程度上满足他们？

四、我们的利润点在哪里？

五、如何与顾客达成交易？

搞清楚以上问题，再结合我们悦己美业管理大学提出的团队智慧、分钱智慧、收钱智慧、产品智慧、营销智慧和连锁智慧，相信你一定能轻轻松松开一家赚钱的美业店。

我要告诉大家：人生并没有那么多的不公平和挫折，只要心中有梦，刻苦努力、坚持不懈，梦想就一定会实现。

起点并不是那么重要，重要的是你自己！只要你有梦想，并且坚持"悦轻松开店"的智慧模式，就一定能够突破企业发展瓶颈，打造永续经营、自动化运营的系统，解决发展中的五大问题（客户、团队、项目、渠道、运营），进而实现企业自动化运转、员工自动自发工作、老板身心解放。

愿你能开一家轻松赚钱的店，实现美业梦想！

目录 CONTENTS

第一章 为什么有的美业店老板又苦又累还不赚钱

2 | 1.1 你过的是"非人类"的开店生活吗
2 | 1.1.1 有一种美业店叫"别人家的美业店"
5 | 1.1.2 开店≠自由

7 | 1.2 为什么说美业店成功是小概率事件

10 | 1.3 过去你可能存在的问题
10 | 1.3.1 开店没给自己留过渡期
11 | 1.3.2 缺乏长久的创业激情
12 | 1.3.3 没有系统规划

15 | 1.4 什么样的人适合开美业店

19 | 1.5 想开美业店,你做好准备了吗
19 | 1.5.1 开店的"钱"
20 | 1.5.2 开店的"人手"
21 | 1.5.3 抓住市场,找到"蓝海"

22 | 1.6 "悦轻松"打造自动化的营销系统
22 | 1.6.1 成功美业店的七大布局
23 | 1.6.2 成功美业人的特质
25 | 1.6.3 优化商业模式

第二章 团队智慧:组建一支具有高强战斗力的美业队伍

28 | 2.1 提升追随力,成为员工的偶像
29 | 2.1.1 情绪管理:稳住情绪,管住心智
30 | 2.1.2 眼光思维:胆识、眼光、魄力
32 | 2.1.3 信任体系:做不到的事情千万不要说
33 | 2.1.4 责任管理:任何事都要从我做起
34 | 2.1.5 全局思维:团队第一,全员第一

36 | 2.2 组建团队,打造高效执行力
36 | 2.2.1 招得来:各方挖掘"纳"人才
39 | 2.2.2 用得好:制定规则"管"人才
40 | 2.2.3 顶得上:专业培训"育"人才

-1-

43 | 2.2.4 留得住：赚钱项目"留"人才

44 | 2.2.5 每月3天，实现时间自由

46 | 2.3 建立合理的晋升机制，给员工发展的空间

49 | 2.4 找到核心员工，让他们成为你的合伙人

49 | 2.4.1 哪些员工可以成为合伙人

51 | 2.4.2 按照"贡献估值法"让他变身为合伙人

52 | 2.5 打造团队文化，增强团队凝聚力

52 | 2.5.1 团队皮肤：统一美业店的"团队符号"

53 | 2.5.2 团队血液：打造团队内涵

53 | 2.5.3 团队使命：让每个成员都有梦想

55 | 2.6 提高团队执行力

55 | 2.6.1 企业执行力不佳的五大原因

58 | 2.6.2 执行力的三大要素

60 | 2.6.3 确保执行力的五个关键词

60 | 2.6.4 如何提高管理者的个人执行力

62 | 2.6.5 店长的工作内容

第三章 分钱智慧：分好钱，管好人，聚心合力共创大业

66 | 3.1 懂得分钱的艺术，做好最基本的激励管理

69 | 3.2 薪酬设计：专业薪酬制度与岗位挂钩

69 | 3.2.1 岗位薪酬：最普遍的薪酬式激励模式

71 | 3.2.2 弹性薪酬：用"弹性"取代稳定，增强激励效果

72 | 3.2.3 混合薪酬：灵活分类，综合调动工作积极性

73 | 3.2.4 年薪工资制：做好合理的长期激励措施

75 | 3.3 绩效分钱：按目标责任打造高效执行力

75 | 3.3.1 设立KPI指标，根据指标分钱

77 | 3.3.2 先给一个"工资包"

79 | 3.3.3 定制绩效考核方案，定好目标责任系统

80 | 3.4 福利分钱：要创业，先绑定员工利益

80 | 3.4.1 给员工一个基本保障：留住员工的最基本福利支出

81 | 3.4.2 按揭分钱：奖励员工奋斗

83 | 3.4.3 "大奖"分钱模式

84 | 3.4.4 年终奖分配

85 | 3.5 分钱容易分权难，权、责、利的分配不容忽视

85 | 3.5.1 给多少"权"，就给多少"责"

86 | 3.5.2 综合考量，建立卓越"权、责、利"体系表

88 | 3.6 零底薪薪酬设计

88 | 3.6.1 薪酬设计应远离的12大死局

89 | 3.6.2 让员工像老板一样工作

第四章 收钱智慧：找到利润的源头

94 | 4.1 收钱的三大原理

94 | 4.1.1 推广：撒下天罗地网

95 | 4.1.2 信任：不计一时得失，用信任获取长久利益

97 | 4.1.3 合伙：放长线，钓大鱼

100 | 4.2 美业店利润的三个来源

100 | 4.2.1 资源：让一切社会资源为我所用

101 | 4.2.2 劳动力：把人才变为"人财"

102 | 4.2.3 物流：一站式采购，将美业链条串联起来

103 | 4.3 搭建"傻瓜式"销售流程

103 | 4.3.1 建立专业销售流程

104 | 4.3.2 专业的销售话术技巧

108 | 4.4 会员制：实现永续经营目标

108 | 4.4.1 品牌声誉营销，用知名度打开缺口

109 | 4.4.2 打造会员导购式规则，主动出击赢得客户

112 | 4.4.3 推新项目，满足客户的多样化需求

114 | 4.5 抓住市场趋势，找到市场缺口做销售

117 | 4.6 零资金开店的"融资之道"

117 | 4.6.1 为什么那么多人投资美业店

119 | 4.6.2 融资计划书

124 | 4.7 打造核心竞争力

第五章 产品智慧：产品永远是最好的赚钱工具

130 | 5.1 定位：先搞清楚美业店最需要什么"货"

130 | 5.1.1 店铺定位：你的店铺是什么等级

131 | 5.1.2 客户定位：了解客户的消费属性

133 | 5.1.3 市场定位：当下美业店货品走向

135 | 5.2 项目组合：给客户一个零瑕疵的产品推荐

135 | 5.2.1 有好项目才能选择好货

136 | 5.2.2 时效+时尚+价廉

138 | 5.2.3 差异化思维，推出个性不同的产品组合

139 | 5.3 严格把关进货渠道

139 | 5.3.1 货比三家，选择质量可靠的供货商

140 | 5.3.2 首选信誉度较高的产品

141 | 5.3.3 别忘记考察供货商

143 | 5.4 货品陈列：快速拿下客户的视觉

144 | 5.4.1 主题陈列：用故事打动人心

144 | 5.4.2 整体陈列：为客户做整体设想

145 | 5.4.3 分类陈列：极简中一目了然

145 | 5.4.4 关联陈列：互补产品一起展示

146 | 5.4.5 美业店陈列法则

148 | 5.5 不仅要会"卖"货，还要会"管"货

148 | 5.5.1 产品定价方案

150 | 5.5.2 库存管理要科学

151 | 5.6 服务是美业店的"产品"王牌

151 | 5.6.1 打造专属特色服务

153 | 5.6.2 根据客户需求创新"爆品服务"

154 | 5.6.3 服务接待流程

158 | 6.1 客户思维：获取客户，一切向转化率看齐

158 | 6.1.1 客户激活：以最佳方式与客户建立关系

160 | 6.1.2 客户留存：留住最有价值的客户

第六章 营销智慧：用互联网思维把美业店搞"火"

162 | 6.2 平台思维：打通线上引流和营销全战略

162 | 6.2.1 直播营销方案

165 | 6.2.2 微信公众号营销方案

167 | 6.2.3 微博营销方案

168 | 6.2.4 APP 营销方案

169 | 6.3 O2O 思维：线上消费、线下体验的新颖方式

169 | 6.3.1 线上折扣、捆绑优惠信息"连环刷"

171 | 6.3.2 提供优质、专业的上门服务

172 | 6.4 体验思维：打造"沉浸式"体验，让客户不想出店

173 | 6.4.1 打造"个性化定制"中心

174 | 6.4.2 建立一个体验性社交场所

175 | 6.4.3 店内自助服务

176 | 6.5 免费思维：让客户少花钱，企业多赚钱

177 | 6.5.1 "买送"决不走老套路

178 | 6.5.2 免费试用，抓住他的先知消费

179 | 6.5.3 免费后续服务要够吸睛

181 | 6.6 社群思维：通过社交认同取信客户

182 | 6.6.1 流量：用内容做社群账号的流量积累

182 | 6.6.2 转化：用社群做销售转化

184 | 6.6.3 裂变：由一到十裂变更多粉丝

186 | 6.7 内容思维：近乎零成本的互联网推广

187 | 6.7.1 文案：几句话的组合，让店面风靡全网

189 | 6.7.2 软文：一篇文章引发"病毒式传播"

191 | 6.7.3 更多花样百出的互联网新内容营销

193 | 6.8 活动思维：用"特色"活动拿下市场占有率

193 | 6.8.1 借势热点，让人气爆棚

196 | 6.8.2 开门红营销的五大"爆点"活动策略

第七章 连锁智慧：股权设计帮你快速复制 N 个门店

200 | 7.1 复制连锁店是每个美业店老板的梦想

204 | 7.2 从单店到连锁，复制店铺开一家火一家
  204 | 7.2.1 开店要数量，更要质量
  206 | 7.2.2 连锁店的店铺机制是否和总店一样
  207 | 7.2.3 每家连锁店都要有自己的特色

209 | 7.3 留住连锁店核心人才，用股权给他戴上"金手铐"

212 | 7.4 选择适合美业店的股权激励方案
  212 | 7.4.1 股票期权模式
  213 | 7.4.2 限制性股票模式
  213 | 7.4.3 虚拟股票模式
  214 | 7.4.4 业绩股票模式
  215 | 7.4.5 账面价值增值权模式
  215 | 7.4.6 期股模式
  216 | 7.4.7 延期支付模式

217 | 7.5 合伙模式：做好合伙连锁店的股权详细规划
  218 | 7.5.1 根据合伙人角色分配股权
  220 | 7.5.2 签署合伙人股权分配协议

222 | 7.6 设计股权生命线：开多少店都不能失去控制权

附录 一家成功的美业店所需的工具明细

227 | 附录一　美业店客户调查问卷模板
231 | 附录二　美业店收入与支出明细表
232 | 附录三　美业店现金收支日/月报表
232 | 附录四　美业店产品盘点表
233 | 附录五　美业店产品使用统计表
233 | 附录六　美业店促销效果评估报告
235 | 附录七　美业店员工工作职责
237 | 附录八　会员资格取得与申办程序
238 | 附录九　悦己美容会员权益

第一章
为什么有的美业店老板又苦又累还不赚钱

　　所有人创业的原动力大概都是希望以后的生活能够自由而闲适,这也就解释了为什么有那么多的美业店老板每天都抱怨不断,嫌自己的店铺既不赚钱又很累,因为这一切离自己的美好愿望实在太远了。要知道,开店并不等于自由和闲适,要想成功,你必须全心全意地投入到店铺的经营上。此外,你还必须要具备一些开店常识。比如:你是否真的适合开美业店?你做好开店的各项准备了吗?你真的懂得开美业店的流程和诀窍吗?你找到美业店存在的问题了吗?只有一点一点地找出这些问题,并逐一解决,你才能开一家赚钱的美业店。

1.1 你过的是"非人类"的开店生活吗

每个人在开店之初都会雄心勃勃、热情高涨，但结果却未必能如己所愿——你可能成为一名出色的创业者，但也有可能成为一个不折不扣的失败者。创业开店从来都不是一蹴而就的事情。我们接触过很多在没想清楚自己商业模式的情况下就盲目开店的人，这些人大部分会以失败收场。在美业店竞争日益激烈的今天，有多少人"葬身"在这股竞争的洪流之中？又有多少人虽然挺过了洪流的冲击，却每天挣扎在关店的边缘。这些人其实很痛苦，因为他们过的简直是"非人类"的生活，每天都要饱受店铺亏损和心有不甘的双重折磨。

开店，从来都是体力活儿。如果经营不善，还会亏损，根本谈不上赚钱。所以，现在正在开店或者打算开店的你，不妨认真思考一下，自己想过这样的生活吗？自己有没有能力摆脱这种生活状态？

1.1.1 有一种美业店叫"别人家的美业店"

在美业店发展繁盛的今天，有些店铺瞬间关门大吉，有些店铺却可以持续经营，有些店铺更是历经上百年而繁盛不衰。为什么让我们羡慕不已的，总是"别人家的美业店"？今天，我们不妨先来看一下，什么叫作"别人家的美业店"。

位于爱尔兰的 Sam 理发店是一家"古老"的理发店，已经传了四代，有一百多年的历史。在当前这个传统经营方式备受互联网和个性化经营冲击的时代，这家理发店却依然繁荣地发展着。我们来看一下它长久不衰的原因。

首先，客户在 Sam 理发店可以喝到纯正的香浓爱尔兰咖啡。

试想一下，客户在等候服务的同时，往吧台上一坐，叫一杯咖啡，耳边是舒心的爱尔兰民谣，就这样在午后阳光下慢慢享受美好的"等候"时光，该是多么美妙的体验啊！

其次，客户购买美容产品之后，店铺会提供传统的热毛巾剃须。

再次，店铺内的设计采用了非常有质感的复古材料，比如旧木头、仿古镜等，客户在这里能体验到浓浓的历史感。

最后，服务人员热情款待，个个都会讲笑话。

多数美业店服务人员往往通过笑容、肢体语言等表达自己的服务态度，但是 Sam 理发店的服务人员不仅通晓这些，还个个都会讲笑话，每一位客户都能在服务人员的引导下，带着笑容坐上理发椅。

这么美好的体验，客户在享受了一次之后，当然愿意第二次登门了。

再来看一个我们国内的"别人家的美业店"——新颖美业店的成功之处。

来自上海的薛青是新颖美业店的店主，旗下拥有三家美睫沙龙店。这位老板原本只是一名普通理工男，在创业激情的驱使下，他一边工作一边进修了上海交通大学工商管理硕士学位，在O2O的互联网大潮中，冲进了美业界。

薛青的第一家门店叫"稻荷の睫日式美睫"，位于上海八佰伴地区的繁华地段，客流量很大。薛青一开始加盟的是日本松风睫毛总代理，后来他经过专业美业管理学院的培训，对美甲美睫行业的技术要求和运作模式渐渐找到了感觉，第一家店终于在一年后实现了盈利。有了第一家店的经验，他的另一家分店——闵行店在开业后第二个月就顺利实现了盈利。

在薛青的美业沙龙店里，几乎看不到美甲桌的影子，代替它们的是几套芝华仕沙发。薛青认为，客户是至高无上的，一定要给他们足够的舒适感，于是在环境和硬件设备上都尽量达到最优质的水平。此外，薛青店铺内的美甲、美睫技师都接受过专业的技能培训，从而保证了即使面对再高难度的服务要求，他们都能应对自如。

不仅在硬件、软件上达到了标准，薛青还将传统美业与互联网结合，通过PC和移动端连接线下服务，整合从营销、服务到反馈的闭环。同时，他还通过数据管理量化客户的消费习惯，并以O2O模式经营，建立了会员管理系统和店铺管理系统。可以说，薛青的美业店，无论是在技术、人力还是在服务上，都做到了无可挑剔的程度，这样的店铺自然能赢得客户的广泛认可并在市场竞争中占据一席之地。

当然，类似于Sam理发店和薛青美业店的案例不在少数，从它们的成功经验中我们可以看出，"别人家的美业店"之所以会成功，是因为它们足够重视客户体验并且有自己的特色，而要做到这些，需要在开店前做大量的准备工作，而且要确定符合当前市场的店铺定位。因此，开店绝不是一件随随便便的事情，而是一件需要认真对待的事情。

1.1.2 开店≠自由

很多人觉得开店就代表自由，代表自己从此可以脱离朝九晚五的固定上班模式，再也不需要打卡上下班，也不需要担心老板高兴不高兴，更不会因为迟到被扣钱。所以，很多年轻人往往是出于对"自由"的向往而加入了创业开店的队伍。他们不知道的是，开店与自由从来不能画等号。

成功的创业者会告诉你这样一个道理：开店比上班更辛苦（图1-1），开店甚至等于抛弃了自由。为什么这样说呢？

> 第一，创业开店必须要有极大的心理承受能力
>
> 第二，创业开店需要更多的自制力和勤奋

图 1-1 开店的辛苦

1. 创业开店必须要有极大的心理承受能力

如果你天生在心理上对压力的承受能力不足，一定不适合创业，因为创业过程中要承受的压力绝对超乎你的想象，它甚至会让你崩溃。

比如，有可能在最初的三个月甚至半年的时间里，你的店一直处于亏损状态，没有任何盈利，你需要不断往里注入大量金钱和人力。这样的压力你能顶得住吗？再比如，你店内的技术人员惹恼客户后"开

溜",烂摊子你该如何收拾？客户投诉你，要求赔钱又该怎么处理？等等。这些问题都对一个老板的心理承受能力提出了严峻的考验。如果对自己的抗压能力没有把握，最好不要开店创业。

2. 创业开店需要更多的自制力和勤奋

很多人之所以想自己创业就是为了不被约束，但事实上这个想法本身就是错误的。开店的人反而需要更多的自制力和勤奋，因为你管的事儿多了，你操心的范围也广了，需要你作出决定的事情更是数不胜数。你需要考察，需要培训，需要监督，需要做各种事，一直到店铺经营稳定下来，有了科学而完善的管理体系，你才有可能适度放手，获得一点儿相对的"自由"。

1.2 为什么说美业店成功是小概率事件

我们见过许多创业开店成功的人，但我们见到更多的是在开店的过程中苦苦挣扎、拼命奋战却惨遭失败的人。事实上，我们所看到的成功美业店不过是浪里淘沙的小概率事件。

再厉害的人、再牛的美业管理学院也没办法保证开店的结局一定是走向成功。美业店在开创过程中，面临的问题有千千万万。那么，究竟什么问题会导致开店失败呢？

1. 只看到别人是怎么做的，却不考虑是否适合自己

在美业店的经营发展中，很多创业者往往都有这样一个习惯：喜欢看别人怎么做，然后复制模仿。这种复制模仿导致每家门店在装修和布局上都非常相似，这也是为什么我们进过十几家美业店却仿佛只去了一家的原因。很显然，这是创业者的从众心理在作祟。这样模仿开店，可能不会输得太惨，但是却一定不会有太远大的发展前景。

作为一个创业者，你必须要明白：你的美业门店针对的客户是谁？客户的消费习惯和偏好如何？客户的返店周期是怎样的？等等。这些信息都需要你亲自去了解，然后根据这些内容对自己的门店进行客观、科学的分析，再做出自己的门店风格。

2. 只考虑自己想卖什么产品和服务，不考虑客户需求

美业店老板不妨先思考这样一个问题：你会在什么情况下去引进新的产品和项目？

很多老板往往一意孤行，认为自己是跟随美业流行趋势走，或者根据业绩引进项目。事实上，这样的做法不对。因为你没有站在客户的角度去考虑，更多的是考虑自己想卖什么。

这也是当前美业门店存在的最严重的问题。特别是当店面面临的经营成本压力比较大时，这种只想卖自己引进的产品的现象会更加明显。只有站在客户角度考虑，按照客户需求进货、引进项目才能获得更大的市场。

3. 只考虑产品的毛利率，不考虑产品的"流转率"

很多美业店老板在经营店铺时只考虑产品的毛利率是多少，从不考虑产品的流转率，甚至错过了那些毛利率很低但是人气很高的产品。

假如一个美业产品，它有10个点的毛利，其毛利空间很小。但如果它能每个月流转一次，一年就可以流转12次，这就意味着它会为你的店面带来大量的关注度、客流量和人气。

因此，我们必须要认识到产品流转率的重要性。此外，对那些有一定利润空间的产品，我们还要敢于拿出一部分利润来做活动，以增加其关注度，提高商品流转率。

4. 只考虑产品促销，不考虑门店的"进店率"

美业店的竞争越来越激烈，于是很多老板就想着做一些促销活动，甚至去学习和模仿那些知名门店的做法。然而很多人在这个模仿过程中忽略了做活动的真正目的，那就是提高门店的进店率。

假如你的门店所在的商圈缺乏人气，进店率不足，你的活动只是为了提高成交量和销售业绩，没有考虑提升客户进店率，那么就算有非常多的销售技巧也是无济于事的，因为没有客户进店，成交是不可能实现的。

5. 用阿Q精神麻痹自己

为什么很多美业店做不好？因为店主没有真正去反省和思考，更没有找到适合自己的经营模式，反而是用阿Q精神自我麻痹，总是以"今年形势不好""今年市场不好做"为借口来"安慰"自己。

美业店的本质是服务，做好了服务，当然就会有盈利。因此，当你的店铺经营困难时，千万别逃避问题，要从自身寻找原因，同时吸取别人的经验和教训，然后拿出切实可行的执行方案，唯有如此，才能让你的美业店更好地发展下去。

1.3 过去你可能存在的问题

你的门店之所以不成功，或者说难以成功，它一定存在着某些问题。但在美业店开设的过程中，许多老板无论如何就是找不到问题究竟出在哪里。事实上，问题就在那里，它不会因为你锲而不舍地寻找就自动出现，也不会因为你最终放弃而无故消失。

1.3.1 开店没给自己留过渡期

对于开美业店，许多人认为不过是资金到位、招聘几个人、选择好地址这几件事，条件具备之后择日开店就能赚钱。然而，就是这样自以为万事俱备的人，最终往往会经营失败。

只要店面开起来就可以赚钱，这是一种毫无科学依据的幻想。现实告诉我们，开店不代表赚钱，前期很可能会大量亏损，因此在创业初期，你必须要给自己留出一个过渡期。

不错，你很可能放弃了一份体面、高薪的工作，但千万不要以为自己开店创业，成功会来得很容易。也许开店前三个月你会一直亏损，而此时你手里的资金早已用完，只能去借钱来填补亏损。拮据的财务状况和日益稀疏的客流量，最终会使你开店的梦想摇摇欲坠。由此可见，给自己留出一个过渡期，并在思想上和经营中做好各种准备非常重要。

对此，可以参看悦己美业管理大学给出的建议（图1-2）。

> **悦己美业管理大学的建议：**
>
> - 当你有了开美业店的想法时，要给自己留出一段过渡期。切忌盲目开店。
> - 留过渡期的作用有两个：第一，给自己留出更多时间和空间去修正；第二，让和你共事的人有所准备。

图1-2　悦己美业管理大学的建议

1.3.2 缺乏长久的创业激情

很多人在开美业店伊始抱有很大激情，甚至梦想着门店会为自己带来多大的财富。然而，开设了一段时间之后，发觉美业店也不是那么赚钱，而且自己的预算也已经捉襟见肘，于是激情退却，在管理上也就开始缺乏耐心，时间久了，往往会形成恶性循环。

对此，可以参看悦己美业管理大学给出的建议（图1-3）。

> **悦己美业管理大学的建议：**
>
> • 要给自己找到一个压力临界点。这个压力临界点视个人情况而定。如果你是在财务压力下创业，那么你可能很难全身心投入到创业状态中。因此，最好让自己走到一个没有"退路"的临界点，这样才能保持更长久的激情。

图 1-3　悦己美业管理大学的建议

1.3.3 没有系统规划

还有很多人开店之所以不成功，是因为没有一个系统规划，认为只要有钱、有人、租店面，三步完成即可坐等利润登门。事实上，这只是店铺经营中很小的一部分，甚至只是前期的基础工作。开店成功与否，取决于很多因素：有了钱，要考虑怎么花，怎么能花更少的钱办更多的事；有了人，要考虑怎么用，要把合适的人安排在合适的岗位上，还要考虑如何留住人；有了店面，要考虑店面装修风格，在这之前，需要进行充分的市场调研并确定店面定位。当然，除了以上因素，还要考虑方方面面，从整体到细节，从产品设计到价格制定，都需要用心规划。而这些都应该体现在你的创业规划和布局中。

门店的企划工作如果能够提前完成，美业店之后的发展会相对顺畅很多。但是很多时候，老板在开店时，总是忽略系统规划方案。

对此，可以参看悦己美业管理大学给出的建议（图 1-4）。

> 悦己美业管理大学的建议:
>
> • 第一,做好定位规划。
> • 第二,体验竞争对手的服务,然后做出自己的服务规划。
> • 第三,规划好项目收费标准。

图 1-4　悦己美业管理大学的建议

1. 做好定位规划

美业店老板在开设店铺之前,必须要为店铺做出准确的定位:

(1)美业店的真实前景到底如何,潜力在哪里?充分结合当地的经济消费水平,做出能满足当地消费者消费需求的店铺。

(2)利用大数据来分析美业店的投资价值。在这方面,包括加盟连锁店创业、独资经营创业,分析两者的利弊。

(3)开美业店需要多少资金,而自身又拥有多少资金。这需要综合考虑经营场所、店面面积等因素,还要考虑投资回本速度,能否在今后有进一步的发展,等等。

2. 体验竞争对手的服务,然后做出自己的服务规划

开美业店之前,我们在充分认识自己的营业意图并科学分析自身优势后,还要亲身体验市面上那些较有影响力的美业店,据此来做进一步的详细规划。

在这里,要特别留意的是那些和自己经营路线相同、定位相近的美业店。我们可以去同行美业店里亲身体验一下,扮演好客户角色,观

察这些优秀的美业店是如何在服务方面做到有口皆碑的；还可以观察同行美业店在装修、整体风格上的变化和设计特色；更要观察同行店铺的服务项目和收费标准是怎么设计的。

通过观察，可以找到对方店铺的优势和劣势，然后再好好思考自己的美业店应该在哪些地方做出特色，怎样才能吸引消费者的关注。

3. 规划好服务项目和收费标准

美业店最重要的一点就是要规划好服务项目和收费标准，这要和你所在城市的消费水平密切结合。

当然，确定收费标准还需要考虑价格的弹性。如果开业之初对消费客户给予适当的优惠，那么随着客户群的逐渐壮大，要有计划、有节奏地提高美业店的收费标准。

还要注重差价的变化，这也关系到能否留住客户。因此，在开店前期，如果要搞促销活动，服务项目的优惠幅度一定要慎重考虑。可以参考本地区其他美业店的收费标准，制定一份自己能够承受的价格表，然后在此基础上推出相应的折扣。此外，制定价格表一定要结合美业店的实际情况和店铺定位：如果店面定位比较低端，目标客户是中老年人，那么价格一定要偏低一些；如果店面定位比较高端，目标客户是爱时尚、追潮流的年轻人，那么价格当然可以高一些，因为这样的消费者通常对价格敏感度不高，同时可以考虑推出一些个性化的私人订制项目。

1.4 什么样的人适合开美业店

悦己美业管理大学曾经服务过很多客户，其中有些人问："开美业店赚钱吗？"我们的回答是："挺赚钱的。"于是，这些人就匆匆忙忙去开店了。那么，问题来了，既然美业店那么赚钱，是不是谁都可以开呢？显然，答案是：不是！

在开店之前，你一定要认真思考：你适不适合开美业店？到底什么样的人适合开美业店？下面我们来解释一下成功的开店老板所具有的特质。

1. 有理想宏图

开设美业店，必须要有自己的理想。这个理想可以是赚钱的目标，也可以是情感寄托，还可以是品牌目标。总而言之，你必须是一个对美业店有理想和规划的人。

根据悦己美业管理大学的专业人士的观察和了解，5年以上的美业店经营者有一个共同特质，那就是从一开始他们就有开店的理想。

这个理想越清晰，开店的思路就越清晰，相对来说，美业店也就能够经营得越好。因为拥有了理想的基石，才会让你在开店过程中做到胜时不骄、败时不馁，保持一颗平常心。

我们曾经接触过两位美业店老板：

A 老板，开店的初衷就是赚大钱，这股热情牵引着他兴致勃勃地开了店。一开始，他就引进了非常贵的项目和服务，向客户推荐的也是一些高档产品，价格自然很高。钱确实很快赚到了，但是却以牺牲一部分消费水平一般的顾客的利益为代价。很快，他便发现进店的人越来越少了，他自己的心思也不在经营店铺上了。

B 老板，开店的初衷是做一家一年赚 50 万元的美业店。在开店之前，从店铺定位，到选址、分析消费者消费能力、同行竞争情况等，他都做足了功课。在开店过程中，他不断思考哪些项目适合店铺，然后根据自己的店铺定位推出匹配度较高的服务项目，并在项目推出后关注顾客的反馈，及时地进行调整。

一年之后，A 老板赚了不少钱，B 老板却只能解决基本的温饱问题。

两年之后，A 老板已经关店，B 老板却开始赚钱。

从以上两位老板的经历中可以得出结论，我们开美业店的理想不能"在空中飘着"，要有充分的开店前的各项准备和科学、合理的规划来支撑。美业人应该有理想，更应该有规划、有行动，还要在运营过程中不断调整和改进，才能让理想越来越丰满。

2. 亲力亲为

开美业店的人，首先不能把自己放在一个只管指挥下属去做事的高位上。真正想要获得长久发展，美业店老板必须亲力亲为，至少在开店前半年时间里，要亲自上阵接触客户、考察服务项目。就像雷军在创立小米之初既是一名专业的产品经理、又是一个管理者、更是一个推销者一样。

很多优秀的美业店老板，从开店到经营一直都是亲身参与，就算自己不懂专业技术，在推销产品、吸引客户、装修店铺、贴心服务等方面也要尽心尽力。

如果没有这种亲力亲为的精神，老板很容易在开店之初就"飘"上天，既无法获得员工的拥戴，也无法得到顾客的认可。而且，一个凡事都不亲力亲为的老板，永远也不会知道店铺经营过程中会遇到哪些问题和麻烦。自然，遇到问题时也就拿不出可行的解决方案。只会"纸上谈兵"的老板，即使想法多想得远，也会因为缺乏实战经验而使店铺发展受限。

3. 具备集体精神

我们曾经接触过这样一个美业店老板，他依靠自己的能力，把一家小小的美发店开成了小有规模的美容店。这位老板个人能力非常强，自身技术也过硬，还懂销售。但是，他就是管不了人。为什么呢？因为他自己能力很强，总是拿员工和自己比，觉得员工也应该做得跟他一样好，还经常安排一些非常有难度的工作给员工做。不顾员工感受，过分严格要求员工，导致的最终结果就是与员工不欢而散。

这里我们要强调的是，老板必须要有集体精神，不能搞个人主义。第一步，就是不拿自己和别人比较。主观的比较，是一种存在感缺失的体现。你做成一家店，需要的是每个成员充分发挥自己的优势形成一种团队合力，这样才能促进店铺的发展。老板应该客观地对待每个员工，并使他们充分发挥长处而非不足。第二步，客观看待问题。尤其是当店铺出现经营问题时，老板一定要客观，不能从某一个人身上找问题，而是要去思考整个店有哪些不足，哪些地方需要弥补，哪些地方需要调整，要对事不对人，有问题积极去解决而不是抱怨或责备。既然是老板，就要有老板的胸襟，要在关键时刻传递正能量，使团队中的每个成员都能受到感染。

4. 具备组织能力

凡成大事者，皆顺势而为。一个优秀的美业店老板，应该具备超强的组织能力。这不仅仅表现在对内的管理组织能力方面，还表现在对外的管理组织能力方面。

我们举个例子：

有这样一个美业店老板，她一开始对开店如何运营一窍不通，但是最终却做得很好，你要问她有什么能力，答案是她具有超强的组织能力，她懂得利用外部的资源来帮助自己——

不知道如何拓展客户，没关系，去外部找到合适的销售和营销团队，帮助自己拟定拓客策略；

不懂管理，没关系，去外部寻找最合适的店长来管理店面；

项目不会引进，没关系，找到最优秀的产品公司来合作；

服务不会做，没关系，找到悦己美业管理大学来帮他做一套可行的服务方案。

作为一家美业店的老板，你一定要明白，不是所有的事情自己都要懂、都要会做，但组织整合的能力一定要有，而且要很强。自己做不好具体的事情不要紧，重要的是要懂得利用外部资源，让真正懂的专业人士来帮助你开店和经营。

1.5 想开美业店，你做好准备了吗

梦想很简单，但真的要把梦想变为现实，就不是那么容易的事了。除了要对这个行业有一定的了解，还要注重客户能够"看得到"的方面，如产品、项目、服务。开美业店之前，老板要仔细考察，在产品质量、服务特色上做好充分准备。

当然，除了客户看得到的地方，客户看不到的地方也需要好好调研。下面几项内容是悦己美业管理大学从上千位创业老板那里总结出来的开店必备项。

1.5.1 开店的"钱"

想要开一家美业店，首先要准备的就是钱。没错，你在财务上一定要有预算。当然，具体数目与店铺所在区域的消费水平、房价、物价等是息息相关的。

有了钱，接下来就是如何在"钱"上面做好文章。这主要包括以下几个方面：

1. 分钱

俗话说："亲兄弟，明算账。"开美业店一定要做好分账的准备。资金分配不好，股份管理不好，人心就会乱，这也是很多美业店创业失败的原因之一。因此，美业店老板首先要做好"钱"的分配，主要涉及员工薪酬分配、合伙人分钱、股权分红等。关于分钱的具体内容，后面章节中会详细说明。

2. 项目价格

美业店涉及的项目很多，如产品、服务、价格等，一个小小的价目表就直接关系着整个店面的盈亏。比如，产品该如何定价？99元、199元、299元这3个价位，你认为哪个是最赚钱的呢？很多人可能从字面上第一眼觉得299元最赚钱，但事实并非如此，答案是199元。因此，在美业店的产品和项目上，想要做出一个好的价目表，老板要参考各方面信息，结合实际去设计。

1.5.2 开店的"人手"

俗话说："千里马常有，而伯乐不常有。"美业店开店的准备中有一项非常重要，那就是招人。你能否招到最适合的员工，在于你是不是伯乐。只有找到合适的员工，才能保证自己店面的质量。

举个例子，如果一家美业店，老板的手艺很好，但是老板招聘来的员工不热情，见到客户爱答不理，那么，老板手艺再好，顾客也会心生怨念，下次光顾的可能性就会大大降低。因此，开店的"人手"与整个店铺的长久经营有很大关系。

美业店老板不仅要在选择人才方面做好准备，还要在组建店面团队方面做好充足的准备。这些内容会在后面章节进行详细解析。

1.5.3 抓住市场，找到"蓝海"

开店之前，还有一个最大的准备要做，那就是市场。一定要抓住市场变化趋势，找到美业店的"蓝海"。

这主要取决于开店人的眼光和战略。随着互联网的发展，很多美业店加入了互联网营销的阵营，如果你还停留在过去传统的营销和运营理念中，恐怕不会长久占据市场份额，甚至还可能被市场淘汰。

美业店老板应多留意互联网店铺的发展趋势，找寻可利用的互联网因素并将其加入到店铺运营之中。同时，美业店老板还应多参加一些美业店大会、展会、交流会等，要多观察、多思考、多交流，了解美业发展新趋势，学习美业相关新理念。

比如，2017 年 9 月 20 日在中国澳门地区举办的"把握健体新趋势，抢占美业新蓝海"——中国美业 LPG 名店高峰论坛。该论坛汇聚了 LPG 众多战略合作伙伴与顶级权威媒体，参会人员针对当今美容健体行业发展及最新趋势进行了交流、探讨。这对中国的美业而言，是一次非常难得的学习、交流、推广、合作机会。美业人要多参加类似的交流会，以获得更多商业资源，更好把握行业发展方向，及时调整店面经营策略。

此外，美业人还应该在开店准备上做好差异化设计和相关管理，不能随波逐流，要在美业洪流中找到有自己特色的专业项目。找到差异化之后，就要及时抓住市场、拓展市场、占据市场。

1.6 "悦轻松"打造自动化的营销系统

悦己美业管理大学经过多年研究，推出了一套适合美业店的轻松挣钱的自动化营销系统。想要开设美业店的人可以根据这套系统来做出科学合理的营销选择。

1.6.1 成功美业店的七大布局

虽然每家美业店成功的原因不尽相同，但在布局方面，却有一定的共性。这些布局的共性体现在以下几个方面：

1. 目标要大

像"股神"巴菲特讲的，重要的是找到很湿的雪和很长的坡。所谓"很长的坡"，其实就是指你的目标要大。

2. 商业模式的可扩充性

商业模式就是互联网企业本质的东西，为什么它比传统商业模式要高级很多？最根本的原因就是它的商业模式弹性要比传统创业模式大很多，具有足够大的可扩充性。

3. 清晰的盈利模式

企业不是慈善机构，如果一个企业不会赚钱，那么它做任何事情都不会成功。所以，如果你在 20 分钟之内都说不清楚自己的店铺该怎么赚钱，你可能要回去反思一下。这是一个企业的核心竞争力所在。

4. 专注

中国很多创业者喜欢同时做很多产品或项目，且这些产品或项目相互间关联不大，号称"东边不亮西边亮"，这是典型的注重短期盈利的表现。这些创业者常常喜欢一下子就把摊子铺得很大，靠规模而不是质量来占领市场，导致企业最后什么都做不到最好。

5. 现金流

企业经营的本质是什么？经营者又是什么？我们讲现金为王，指的就是现金流。谁拥有充足的现金流，谁就有了最大的主动权。

6. 时间

时间就是一切。在中国这个充满竞争、容易被抄袭的特殊环境下，想要抢占市场，至少要领先半步才行。

7. 好的领导者

对企业来讲，这点特别重要。领导者在企业中承担的是掌舵人的角色，企业的发展方向和未来规划都取决于领导者的眼光和战略。

1.6.2 成功美业人的特质

一个企业的成功不仅跟它的商业模式有关，跟它的现金流有关，更为重要的是跟创业者的人格和品质有着极高的关联度。所以，商界流传这样一句话："先做人，再做事。"成功的美业人，应该具备以下特质：

1. 诚实

这是一个非常奇怪的现象，表面上做一个诚实的人似乎处处吃亏，但事实上，如果你不做一个诚实的人，无论你在别的方面做得怎么样，往往最后你会发现自己成功的概率非常小。

2. 有超越的情怀

企业能否做大，与领导者的情怀有非常大的关系。比如说马云，他永远有超越的想法，他就是想让天下没有难做的生意。所以，有没有超越情怀直接关系着能否把企业做大，是不是赚钱则是另外一回事。

3. 有信仰

这点非常重要。我们这里所说的信仰，就是要做一个理想主义者。如果在创业者身上没有一种理想者的信仰，企业再怎么发展都达不到更高层次的追求。

4. 能独立思考

创业不是盲目行为，不仅需要坚持，更需要理性的思考，而且要专注，要耐得住寂寞和孤独。其实创业过程中，更多的是孤独和不被理解，你没有办法跟别人分享这份孤独，最终决策一定要你自己拿。要想成为一个有超越思想的成功的创业者，就一定要学会独立思考，并保证有思想的自由。没有独立思考的运动式创业一定是对社会资源最大的浪费。

1.6.3 优化商业模式

商业模式设计的重点是商业架构必须集中在客户价值上，并以最佳的路径、最快的速度最终使企业价值得以增长。因此，要打造自动化的营销系统，使创业者轻松挣钱、潇洒生活。下面是悦己美业管理大学提出的"悦轻松"美业的商业模式。

1. 客户是谁（定位，有钱比需求更重要）

使用美业四种不为人知的客户分析法，让你轻松找到并独家锁定理想中的大客户。

好客户的三大标准，能够节省你大量的时间和精力，并确保你获得丰厚的利润。

锁定高端客户的八大理由，让你付出更少的时间却能得到更大的回报。

2. 他们在哪儿（定位，选对鱼塘才能钓到你想钓的鱼）

借助趋势分析快速找到大量的精准客户。

"悦轻松"美业能提供三个快速带来客户的"鱼塘"和4种寻找精准"鱼塘"的方法，从而让你客源不断。

"悦轻松"美业三种合作方式确保所有人心甘情愿地把他们的优质客户贡献出来为你所用。

3. 如何吸客（玩游戏）

"悦轻松"三大步骤让你通过一些有趣味的游戏与客户快速建立信任关系，把陌生客户变成粉丝客户。

"悦轻松"还有快速引爆精准客源的三大方案，让美业店经营变得轻松娱乐化。

4. 客户为何选我（没有选择就是最好的选择）

如何发现客户的痛点及问题，打造出让客户尖叫、让对手俯首称臣的好产品和好项目。

"悦轻松"打造美业店客户欲罢不能的畅销品的两大核心、三个层面、四大维度及五大阶梯。

5. 为何不买（给她立刻付钱的理由）

"悦轻松"五大策略让你的产品、项目价值瞬间提升10倍，让你的客户觉得买到就是赚到。

三种强有力的风险逆转策略，让你的客户觉得不买产品就是和自己过不去。

6. 如何成交（让客户求着我卖给他）

"悦轻松"四大预售思维让你的产品还未公开发售就有客户主动上门把钱交给你。

"悦轻松"五大追销技术让你无限放大客户的终身价值，让他一辈子都和你做生意。

这些系统的方法在悦己美业管理大学的课程中都有深度体现，希望更多的读者和有美业梦想者可以关注悦己美业管理大学，获取更多的开店妙招。

第二章

团队智慧：组建一支具有高强战斗力的美业队伍

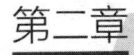

美业店不是老板一个人可以支撑起来的，想要打造一家火爆的美业店，必须有一支拥有高强战斗力的美业队伍。这一章，我们介绍的是美业团队的建设，包括组建、晋升机制、核心团队人才、团队文化和团队执行力。掌握了美业团队建设的关键点，老板就能更高效地领导队伍打江山。

2.1 提升追随力，成为员工的偶像

无论你使用什么模式开店，只要你是创始人，你就应该成为员工们的"偶像"，只有把你当成"偶像"，员工们才会信任你并愿意追随你。既然被称为"偶像"，就应该有"偶像"的风范和魅力。

很多人都看过《中国合伙人》这部电影，虽然电影讲述了三个年轻人创业的故事，但是三人中的主角我们一眼就能看出来，那就是成东青。出身于留学世家的孟晓骏和浪漫自由的王阳都生活优越，但是却愿意跟随来自农村的穷小子成东青，这是为什么？因为成东青身上有主角光环，那就是追随力。他为梦想不懈追求、为朋友两肋插刀、为爱情奋不顾身、为事业全心投入……不仅如此，他还有眼光、有大局观、有责任心。他是一个近乎完美的团队偶像。

相信所有开店创业的人，都想成为成东青那样的人。当你想做一件事的时候，一定要有人支持、有人配合，单打独斗是很难成功的。这首先要求你必须具备成东青的那种"追随力"。团队偶像的"追随力"说起来很简单，做起来却不容易。如果你是一个创业者，尤其是一个美业实体店的老板，那么你必须要具有吸引人的特质。其指标构成包括：情绪管理、眼光、信任、责任、全局。

2.1.1 情绪管理：稳住情绪，管住心智

爱钱进的创始人（CEO）杨帆曾说过这样一段话："对于创业者来说，情绪的表达尤为重要。无论是我们达成目标还是遇到挫折，我们都希望让并肩作战的伙伴们感受到。很多时候，我们也会有愤怒、有焦虑，但是正是因为这样真实的情绪表达，对现实的不满足，才激励我们不断地向前。"

很显然，情绪管理对开店老板具有重大意义。控制情绪，其实并不是一件容易做到的事情。俗话说，"江山易改，本性难移"。这句话也常常成为我们难以控制情绪的借口。当我们仔细观察那些创业成功的人，就会发现他们的情绪特征都是非常鲜明而稳定的。所以，对创业者来说，情绪管理是非常重要的一门必修课。

在情绪管理的 KPI（关键绩效指标）中，老板必须要做到以下几点：

1. 决不在团队中表现负面情绪

当你开设了自己的门店之后，很可能会出现经济不景气、公司缺乏投资者或者客户反目等情况，整个团队难免会沮丧。在此种情形下，作为领导者，你应该更有主见、更积极、更乐观，而不是在团队成员面前表现出过多的负面情绪影响整个团队的士气。作为团队的"主心骨"，你应该积极寻求解决方法，为自己的团队树立榜样，这样整个团队才会保持应有的战斗力，继续积极有效运行。

遥想当年，马云创立阿里巴巴之初，困难重重，人才缺乏、资金断流、外部政策打压、消费者不信任……可以说困难一抓一大把，但是"十八罗汉"依然没有放弃马云，而是紧紧跟随左右。为什么？因为

马云时时刻刻都表现出积极的正面情绪，从来没有把负面情绪带到团队中。可以想象，在这个团队中，最难熬的不是别人，正是马云，但是他却最善于管理情绪。正因如此，他才得到了"十八罗汉"的拥戴，他们整个团队也一往无前，战胜了一个又一个困难。

2. 不被抱怨左右，聆听抱怨者的建议并询问其解决办法

有时，你的团队成员在情绪上难免会非常低落，极其需要宣泄。这时，老板应该怎么办呢？有些老板往往跟着员工一起唉声叹气、怨天尤人，最终结果只会更加"惨烈"。明智的老板会以解决问题的态度客观地看待问题，营造积极的工作氛围，避免负能量的爆发。如果发现顽固不化的员工，可私下和他沟通，及时了解其思想动态，如有必要，可调整其工作岗位。当然，明智的老板还会通过设计科学合理的绩效考核机制来刺激员工的工作热情。

3. 再懊恼也要先冷静 5 秒钟

老板也是普通人，难免会有生气愤怒的时候，但因为你是老板，是整个团队的领导和核心，你就不能随时随地发火，更不能因为情绪不稳定而做出武断的选择。一个老板，应该始终保持清醒的头脑，这样遇到事情才能冷静思考。如果确实很生气，也应该先给自己 5 秒钟的冷静时间。这样，才能控制好自己的情绪。

2.1.2 眼光思维：胆识、眼光、魄力

比尔·盖茨 19 岁开始创业，最终成为世界首富之一。他靠的是什么？决定因素有很多，其中有一点就是眼光。比尔·盖茨的思维模式、做事

方法一定和一般人不一样。要想创业成功,你需要有眼光。那么开了店之后,是不是就不需要眼光了呢?很多老板在开店之前,跟员工信誓旦旦、豪情万丈,开店之后,却总是畏首畏尾,甚至变成了一个眼光狭隘、不敢冒险的人。这样的人永远也不可能把企业做大做强。

店面老板必须要有独到的眼光,这样才能让你的人格魅力散发光芒,才能让更多人追随你。在眼光思维方面,你需要做到的KPI指标如下:

1. 要有冒险精神和无畏的胆识

世上万事都如逆水行舟,不进则退。如果你的目标只是降低风险、减少出错,那么你的店面不但不容易得到发展,还会因为过于"保守"而被时代抛弃,错过良机。作为开店老板,一个团队的带头人,必须具有独到的眼光和一定的冒险精神,更要有无畏的胆识。当然,这也需要你去发现机会,并且抓住机会,这样才能带领团队走上正轨。

2. 眼光长远,及时转变

一个团队带头人必须要有敏锐的、长远的眼光。那么,这种长远的眼光又从何而来呢?(见图2-1)

- 及时关注市场,分析市场数据
- 亲身体验和考察,鼓励员工到市场中去
- 不断试验和挑战

图2-1 团队带头人要眼光长远

我们以苹果公司为例。2012年,《纽约时报》知名作家亨利·布罗哥特曾说:"苹果三分之二的资产都是来源于2007年之后的产品。"这句话从侧面体现出了乔布斯的独到眼光。作为苹果公司的"偶像",乔布斯在2007年看到了智能产品的大好前景,及时抓住市场先机,开启了智能手机时代,顺利占据市场鳌头。如果乔布斯还停留在过去生产计算机的老套眼光里,那么苹果永远也不可能战胜戴尔、惠普和微软。

3. 要有超强的决断力

一个团队带头人拥有了胆识和眼光之后,还应该具备超强的决断力。所谓"该出手时就出手",当一个团队带头人即老板发现一个商业机会或者契机时,就一定要英明果断,不拖泥带水,这样才能以快制胜,迅速占领先机,同时也会提振士气,使员工们觉得跟对了人,对店铺发展更有信心。

2.1.3 信任体系:做不到的事情千万不要说

信任对于初始创业的老板来说,是一种难得的资产。人与人之间的信任是个人价值观、态度、心情及情绪、个人魅力交互作用的结果,是一组心理活动的产物。

一个老板要想成功,必须首先获得员工的信任。只有员工认可你、信任你,才会死心塌地地跟着你干。

那么,创业老板应该如何培养员工对自己的信任呢?换句话说,就是信任体系的KPI指标(见图2-2)。

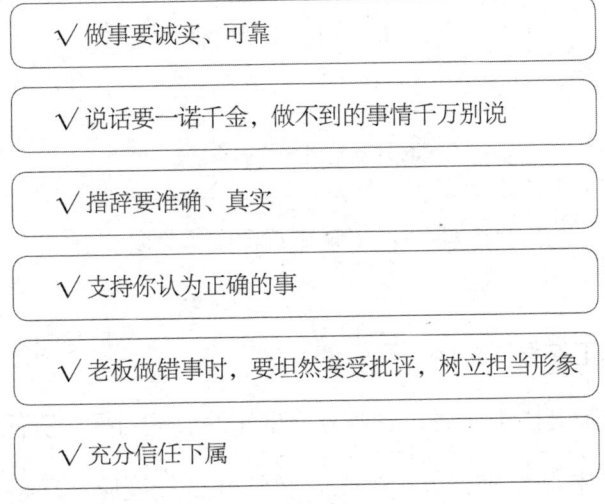

图 2-2 信任体系的 KPI 指标

2.1.4 责任管理：任何事都要从我做起

责任心是指对事情敢于主动负责的态度。试想一下，如果你是一家美业店的老板，你应该如何体现这种责任心呢？

一个合格的美业店老板，首先要对自己区域的目标负责，其次要敢于对区域内发生的其他事情负责，最后要对团队成员的成长负责。这才是一个团队偶像应该有的责任管理体系，而且这无疑也会给其他成员服下一颗定心丸，让大家可以专注于自身目标，激发大家同心协力，克服困难，保质保量地完成任务。反过来，如果一个老板缺乏责任心，那么其团队也必将如一盘散沙，做不出好的业绩。

对一个老板来说，责任管理的 KPI 指标如下（见图 2-3）：

```
┌─────────────────────────────┐
│  安排工作要目标明、责任清    │
└─────────────────────────────┘

┌─────────────────────────────┐
│  关键时刻要站出来承担责任    │
└─────────────────────────────┘
```

图 2-3　老板责任管理 KPI 指标

1. 安排工作要目标明、责任清

在给员工安排工作时，老板应该确定明确的目标，责任划分也不能含糊，团队中每个成员负责什么、做到什么程度应该在事先就明确，以免工作中出现推诿、扯皮等情况。当员工在执行具体任务的过程中遇到困难时，作为偶像，老板要及时帮助解决。只有这样，你的员工才会越干越想干、越干越敢干，甚至会认为跟着你这样有责任心的领导，工作再苦再累也心甘情愿。

2. 关键时刻要勇于站出来承担责任

创业老板只有敢于为员工承担责任，才能团结员工，使其觉得老板是"自己人"，进而心甘情愿地努力提升业绩。同时，勇于承担责任的老板也能给员工带来"安全感"，让他们感受到团队的凝聚力。

2.1.5　全局思维：团队第一，全员第一

作为一个店铺团队的偶像，你必须要具备全局思维，要时刻把团队和整个店面的利益放在第一位。那么，全局思维的 KPI 指标都有哪些呢？

1. 团队偶像要在发展中快速反应

老板必须要具备快速反应的能力和准确的决断力，不具备这个素质就难以拥有全局思维。因为只有高瞻远瞩才能在问题出现时作出快速反应。我们通常所说的"不破不立，不舍不得"，很好地体现了这一点。

2. 使自己的行为符合全局需要

顾全大局，不是让团队偶像失去自己的性格，而是要使自己的行为符合全局需要。所以，有时团队偶像需要做出牺牲，牺牲个人、保全大局是公司发展的需要，也是团队存在的价值和意义。要想在团队的生存和发展中发挥决定性的作用，体现自己的价值，就必须不断地矫正自己的思维，提高自己各方面的能力，使自己的所作所为符合团队的需要，促进团队的健康发展。

3. 对待问题，要从整体出发

在店铺的发展中，也许一个订单、一个客户、一个员工出现了问题，就会影响整个店的经营。当问题出现时，有些老板会针对某个人进行批评，这样也许在当时是解决了问题，却不能治本。作为团队的偶像，首先要做的不是去批评谁，而是要冷静思考，从整体出发看待问题，了解事情的来龙去脉，然后细细分析、步步攻关、各个击破，这样才能从根本上解决问题。一个合格的领导者，应该不拘小节，遇到问题，不能先考虑追究责任、如何处罚的问题，而应从大局出发，积极寻求解决之法。

2.2 组建团队，打造高效执行力

想要开美业店的老板，必须要清楚一点，美业店是一个大家庭，不是依靠某一个人的力量就能持续下去。所以，成立一个高效的美业团队非常重要。那么，如何组建一支有激情、有活力、有执行力的队伍呢？下面来看一下具体的方法。

2.2.1 招得来：各方挖掘"纳"人才

想要获得一支高效的美业团队，首先要学会招纳人才。店长、技术总监、总监助理、前台、收银等，都是我们需要选择的人才。那么，该通过什么渠道来招聘这些人才呢？我们首先想到的是去各大招聘网站广撒招聘信息，然后在后台收取简历，通知面试，最终选择……

如今，美业店面临的最大难题就是招人难，想要找到优秀的人才，组成一个具有高效执行力的团队更是难上加难。

2017年11月，电视剧《猎场》在湖南卫视播出。这是一部让职场人深思的作品，从这部电视剧中，我们可以汲取到很多的用人、招人法则。美业店老板也可以从中得到一些启示。

1. 打开你的招聘通道

众所周知，在一些大城市，每到年底，就成了辞职高峰期，来年就会迎来招聘大潮。几乎每家美业店都在招人，而优秀的人才总是短缺的，这真是一件让美业店老板很头疼的事。

很多美业店老板总是抱怨招不到人，那么不妨去一些大型的美业连锁机构看看，尤其像悦己美业这样的企业，它们总是不缺人。

为什么呢？因为这些店的招聘通道一直敞开着。如今人才都是靠抢的，一个号码在招聘网站露出来，那些大型连锁企业早就"扑"上去了，而如果你还停留在一天只是打几个电话的阶段，怎么可能招到合适的人呢？所以，既然想要招人才，就要广开招聘通道，让专业人员守在招聘第一线，一旦机会来了，快速拿下最优秀的人才。

下列是悦己美业的招聘渠道：

• 网络招聘（在58同城、赶集网、百姓网、前程无忧网、智联招聘网等网站发布招聘广告）；

• 各种关系介绍（亲人、朋友、同学、同事、客户）；

• 微信招聘；

• 张贴广告招聘；

• 体验招聘；

• 人才市场招聘；

• 技校联盟招聘。

2. 通过专业的面试获得人才

有时候，招不到人不是因为你没有机会，而是你输在了面试这一关上。真正优秀的人才，绝不会缺少工作机会，美业店想要吸引人才，就应该在面试的时候，快速了解员工内心所想，结合自己店铺的实际和应聘人才的需求定岗定薪。这还涉及你招聘的邀约电话技术——一定要专业，只有专业，才能让求职者想来你的美业店。

专业面试包括的内容如图 2-4 所示。

- ◎ 询问求职者以往的职责和经验
- ◎ 询问求职者工作经历中最成功的事情
- ◎ 询问求职者还有哪些方面需要提升
- ◎ 询问求职者最擅长的技能是什么
- ◎ 询问求职者对新岗位有什么设想
- ◎ 询问求职者为什么从上家企业离职

图 2-4　专业面试包括的内容

3. 学会"挖墙脚"

想要获得优秀的人才，美业店老板还应该学会"挖墙脚"，也就是"挖人"。这要求美业店老板多考察一些大型的美业连锁店，首先要具备发现人才的眼光和能力，看准人才就要尽快下手——用高薪、股权、合伙等各种诱惑力极大的点来吸引对方加入自己的门店。此外，还可以通过好朋友推荐或者网络猎头推荐等方式获得高端优秀人才。

2.2.2 用得好：制定规则"管"人才

美业店要想正常运转，除了掌舵人老板的带头作用之外，员工的作用也非常重要。优秀的人招进店来，如果管不好，恐怕也很难发挥其作用。对老板来说，这也是个不小的挑战。

先来看一下老板对人才的要求：

1. 人品过硬，执行力强

不管从事什么职业，"人品过硬"都是对一个人的基本要求。要想把工作做好，每天光靠说是万万不行的，执行力从某种程度上说决定着一个人的工作能力。因此，要求员工具备一定的执行力是非常必要的。

2. 专业、敬业

专业的员工能为美业店的项目运营提供技术保障。同时，在为顾客提供服务时，会给店面形象加分。试想，谁不愿意在一家专业的店面享受专业的服务呢？而敬业的员工则更能积极奉献、用心工作。

3. 勇担责任

真正优秀的人才，不仅本领过硬，还会勇于担当。他们遇到问题时，不会推诿抱怨，而是会积极地思考该如何解决。这样的员工会给整个团队传达一种积极的信号，使大家愿意去想办法解决问题，从而提高整个团队的战斗力。

悦己美业管理大学曾经帮助一个美业店搭建了这样的入职三条"铁规则"：

（1）不允许触犯店内的任何规矩（理由：对事不对人）。

（2）只要进入店面工作，就必须露出八颗牙齿——微笑（理由：谁都喜欢在欢乐的环境里工作）。

（3）在店内工作不允许有任何的抱怨和负面言论。此类言论如果被店长听见，第一次罚款 500 元，第二次罚款 1000 元，第三次直接辞退（理由：谁都不喜欢和一群爱抱怨的人在一起工作，因为抱怨解决不了任何问题，还会严重影响团队士气）。

此外，在用人方面，美业店还要严格遵循知人善任、用人之长的原则（见图 2-5）。

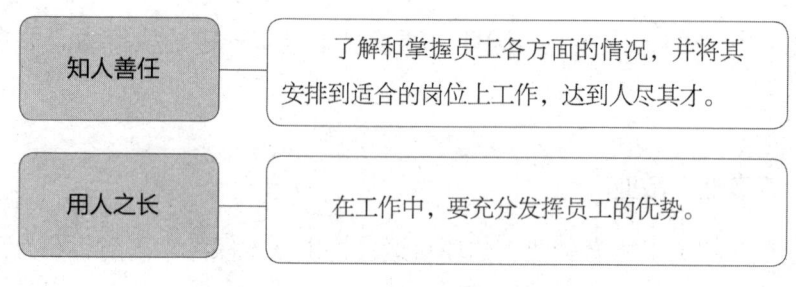

图 2-5　企业要知人善任、用人之长

2.2.3 顶得上：专业培训"育"人才

招到了人才，制定了用人规则之后，接下来就要"育"人才。美业店要通过专业的培训来培育出符合自身特色的专业人才，为美业团队增添新的活力。

悦己美业管理大学有专业的培训体系（见图 2-6），具体包括四个方面：新员工培训体系、晋级培训体系、岗位培训体系、胜任力培训体系。

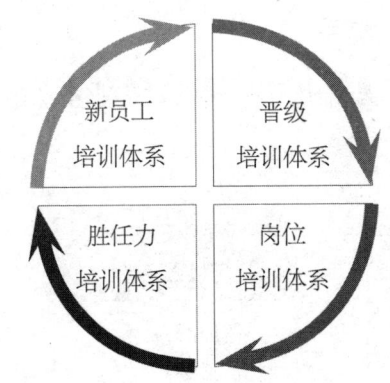

图 2-6　悦己美业管理大学的培育体系

在悦己美业管理大学的培育体系中，还有一个基本的育人概念——即育人体系三部曲：

1. 行为胜任力体系

行为胜任力测评的内容主要包括四个方面（见图 2-7）。

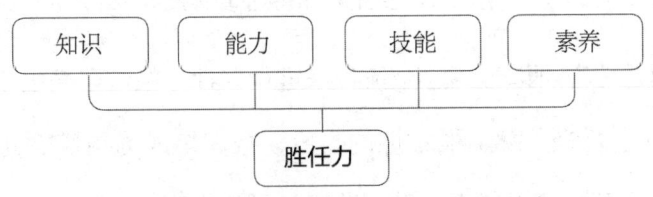

图 2-7　行为胜任力考核内容

下面来介绍一下有关行为胜任力模型培训的定义：

（1）为了达成组织整体绩效目标、针对特定工作岗位所要求的、与高绩效相关的一系列不同胜任能力要素及其可测量的等级差异的组合。

（2）帮助企业找到合适的人在相应的岗位上工作。

（3）帮助员工找到发展方向。

2. 构建企业培训体系

悦己美业管理大学给出了一套针对美业企业的专业培训体系，具体流程如图2-8所示。

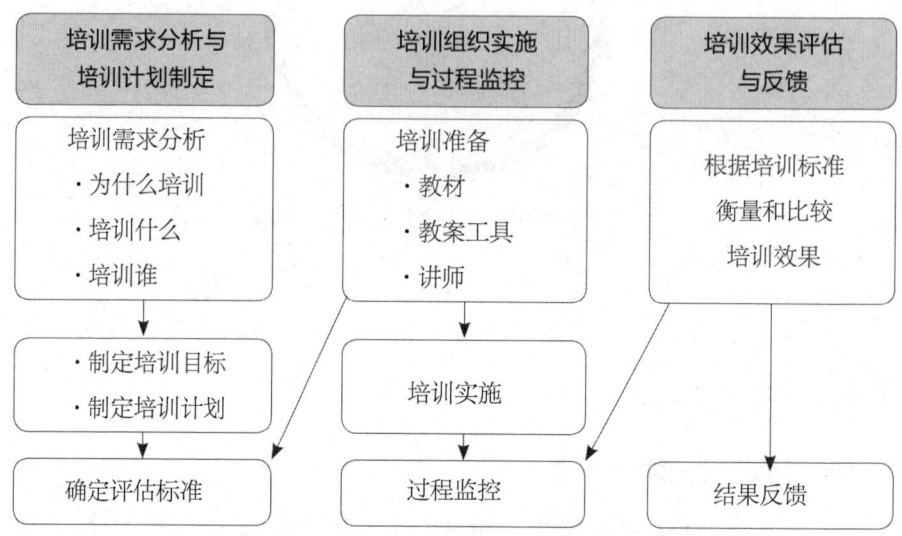

图2-8　企业培训体系的具体流程

任何企业都可以根据这个流程来进行培训，经过严格的培训，企业人才的职业素养会发生根本性的改变，被淬炼成为更符合企业发展的高效人才，而这些人才组成的团队必然是一支高效的团队。

3. 员工成长系统

悦己美业管理大学有一套自己的员工成长系统（见图2-9）。

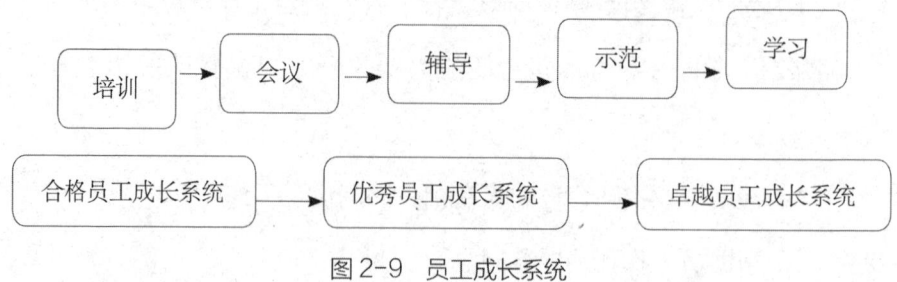

图2-9　员工成长系统

悦己有一套培训模型，叫模压式教育训练体系（见图2-10）。这个体系可以帮助美业人才快速成长。

目的：为企业造血。

内容：传递技能，培育合格人才。

内容：知识、行为、思维标准化。

形式：标准化育人。

手段：工具（教材、教案）、角色演练、简单重复，打造高端人才。

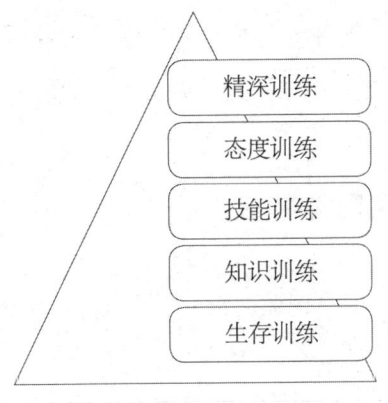

图2-10　模压式教育训练体系

通过这些科学而有规则的培训，悦己美业的成员会逐渐由简单基础的美业人变身为专业、强大、综合能力强的高端美业人才。

2.2.4 留得住：赚钱项目"留"人才

美业店必须要留得住人才，才可能健康持续发展。绝大多数员工参加工作都会有一个最基本的动机，那就是赚钱。他们会评估自己的价值和回报，如果觉得回报不够，就会考虑换工作。员工来工作是为了赚钱，可是如果老板都没有赚到钱，又怎么能让员工赚到钱呢？

所以，留住员工的核心在于你要有赚钱的产品或者项目。

如果你的产品利润太薄，或者成本太高，或者同质化严重，那么你拿什么赚钱？你又拿什么来给员工分？

所以，老板留住员工的资本，在于自己的店铺有极具竞争力的产品。假如这个方面做不好，你就算制定再多的制度、方法，也很难控制住员工。如果你留不住人，不妨先审视一下自己的经营思路或策略。蛋糕做大了，自己一个人也吃不下，自然也愿意分给和自己一起做蛋糕的"战友"。当双方的需求都能被满足时，才能人岗合一，一起战斗。

2.2.5 每月3天，实现时间自由

我们悦己提出了一个非常有意思的留人、用人方法，那就是：每月3天，实现时间自由。简言之，就是每月仅需工作3天，但是确保有30天的工作效果，实现人才的时间自由。

这是一种高效的打造团队执行力的方法，类似于"二八原则"。19世纪末20世纪初，意大利经济学家维尔弗雷多·帕累托提出了这一法则：通常来讲，只有少数占有重要因素，绝大多数则占有不重要因素，也就是说，80%的价值来源于20%的因素，剩下20%的价值来源于80%的因素。

很多时候，我们花了80%的时间去做一些无关紧要的事情，看上去似乎很忙，其实效果甚微，而真正重要的那20%的事情却没有做到位。如果我们真正下功夫去做那最重要的部分，一定会事半功倍，收获满满。

或许只用4个小时的时间，就可以比之前8~10个小时的工作产出的价值更高。当然，那些看起来不那么重要但也有必要做的事情也还是要去做的。

想要做到这一点，需要做好这样的规划：

工作时，要按重要程度先来分类，看事情对目标的意义有多大，意义重大的要优先去做，而意义较小甚至毫无意义的要放在后面或者直接放弃不做。具体规划如图2-11所示。

图2-11 "二八原则"的具体规划

事情的重要性一旦确定，在做事情时就要专一且不偏离方向，想要真正做到这一点，请参考以下三个建议：

（1）学会评估。用目标、需要、回报和满足感这四个指标对你将要做的事情做一个客观的评估。

（2）摒弃那些不重要且没必要的事情，或者将它们委托给其他人去做。

（3）明确哪些是必须要做的事情。

2.3 建立合理的晋升机制，给员工发展的空间

美业团队的精干之处还应该存在于每个成员的晋升空间中，换句话说，建立合理的科学的晋升机制，就能给你的团队人才提供良好的发展空间，有了良好的发展空间，员工才会有自我提升的动力，无形中竞争意识也会提高。

如果员工们都在努力提升业绩，整个团队的执行力肯定也会很快得到提升。

悦己美业作为专业的美业行业中的佼佼者，拥有一支非常专业的团队，经过多年的市场沉淀，他们研发出一套适合美业店的盈利模式，同时打造出一种适用于美业店的专业晋升机制。下面给出一些建议，供各位美业店老板参考。

1. 分等级晋升标准

首先，给你的晋升机制分等级。比如，美业店只有 10 个人，那么你的晋升标准可以分为 6~7 级。如果美业人员达到 20 人，可以将晋升机制分为 9 级。这样，每个级别的岗位名称可以自己设定，常见的一般是：老板、店长、副店长、顾问、高级技师、初级技师、学徒等。当然，美业店老板可以根据自己店铺的实际情况来命名和增减实际岗位。

2. 确定晋升的时间标准

我们经常遇到这样的情况：一家美业店的初级技术总监上升为高级技术总监用的时间大概有一年以上，而有些美业店的副店长升为店长却只花费了几个月时间。从这里可以看出，晋升时间要么太长，要么太短，其实这都不科学。

实际上，如果是管理层，美容师想要晋升为见习主管，时间最好控制在 3 个月，见习主管升主管的时间最好控制在 6 个月，主管升见习副店长的时间最好控制在 6 个月。

这些晋升时间的设置并非是随意的，而是考虑到要最大限度地激发员工的上进心，让员工更加有效率地工作。员工只有明确了自己要花多长时间晋升到上一个级别，才能更好地为之付出努力。

下面我们以一名美业店美容师为例，看一下需要达到什么样的条件才能顺利晋升（见图 2-12）。

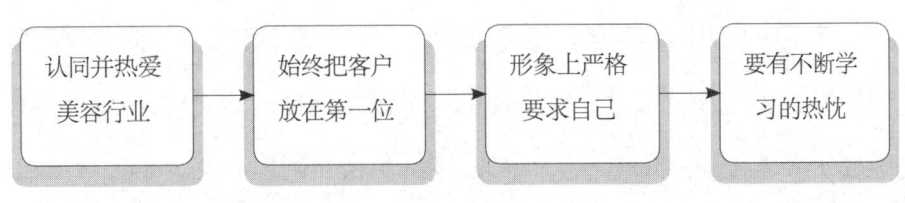

图 2-12 美容师晋升条件

（1）认同并热爱美容行业

想要成为一名高级美容师，必须要发自内心地热爱这个行业，只有这样才能在职业道路上不断进步，才能有动力更好地修炼内功，不断提高自己的职业修养。

（2）始终把客户放在第一位

一名真正的高级美容师，一定会把客户的感受放在第一位，而不会因为自己是高级美容师就自我感觉良好，完全不考虑客户的感受，这个指标同时也是对整个服务行业从业人员的要求。

（3）形象上严格要求自己

一名专业的美容师首先在个人形象上就要严格要求自己，形象包装必须从自身开始。如果你连自己的形象都打理不好，又怎么会用心为别人塑造形象呢？你就是店铺的品牌，你的形象直接决定着店铺给客户的印象。只有赢得客户的信任和认同，才能拥有稳定的客源。

（4）要有不断学习的热忱

想要成为行业顶尖的高级美容师，最为关键的一点就是要不断学习。任何职位都没有一个绝对的标准，今天你做得很好，也许明天潮流就变了。所谓"学无止境"，只有不断学习，不断完善自己，紧紧跟上行业发展的脚步，才能始终做个自信的专业人士。

任何美业店，在建立晋升机制方面，都应该根据自己店铺的实际情况，如大小、人员数量、发展规模等进行科学合理的设计，不能一味地模仿大型美业店的做法。一切从实际出发，因地制宜，走适合自己的发展道路，才是经营之道。

2.4 找到核心员工，让他们成为你的合伙人

要想留住优秀人才，并使整个团队长久保持活力和实力，最好的方式就是找到那些核心员工，并以合伙人的身份留住他们。换句话说，给予他们一定的股权、分红和权力，让他们成为你的合伙人，成为和人并肩战斗的"兄弟"，他们才会与美业店"同生死，共患难"。

2.4.1 哪些员工可以成为合伙人

在合伙人的选择上，现在有一个比较有意思的词，叫"合伙基因"，即依靠基因决定哪些人是合伙人。

无论你创业的初衷是什么，必须要记住一点，团队越强越好。因此，你需要合伙人来帮助你壮大团队。下面来看一下，在一个美业店中，哪些员工可以成为合伙人。

1. 技术高超的员工（技术基因）

在美业店中，总有一些人的技术出类拔萃，这样的人总是可以让客户满意，甚至就算要排很久的队，客户也点名要他服务。要想让这样的人才长期留在团队中，成为中坚力量，带动更多的成员，必要情况

下就可以将其发展为店铺的合伙人。

这类技术基因人才需要具备以下几方面能力（见图 2-13）：

> **开发能力：**
> 这类技术人才对产品非常了解，而且有开发能力

> **团队组建能力和人脉：**
> 产品开发和组织技术团队是技术基因在初期的主要职责

> **自我驱动能力：**
> 要有超强的自我驱动力，善于主动思考，乐于学习，让自己一直保持在技术前沿

图 2-13　技术基因人才需具备的能力

2. 资源型人才（资源基因）

美业店想要打造一个优秀高效的团队，还需要有资源型的人才。这类人才拥有大量的客户资源，尤其是一些批量客户资源。比如，一名美容师与一家酒店有着很密切的关系，他就可以为美业店带来批量高级会员。这名美容师就属于资源型人才。对于这类人才，美业店老板理应给予其一定的股权，将其发展为店铺的合伙人。

3. 管理型人才（管理基因）

在美业店的团队组建过程中，管理基因也是十分重要的。美业界有这样一句话："打江山需要技术基因，而管理江山需要的是管理基因。"初创美业店，在吸引了技术基因人才并获得了投资人的青睐之后，就要拿出一套行之有效的方法让自己的店铺稳定并有效运营下去。毫无疑问，这种管理类型的合伙人就是最急需的。比如，优秀的店长、

经理，都可以成为团队合伙人的候选人。

4. 运营人才（运营基因）

一个美业店的发展还离不开运营，一个高效的团队中也不能没有运营人才。那些能够及时根据市场情况做出美业店发展方向和策略调整的人，那些能够在劣势中让店铺"咸鱼翻身"的人，那些能够抢占先机、获得市场份额的人，就是最佳运营人才。对于这样的人才，美业店老板也应将其发展为店铺的合伙人。

2.4.2 按照"贡献估值法"让他变身为合伙人

美业店老板在选择合伙人时，还可以根据"贡献估值法"来确定，也就是说，根据员工对企业的贡献值来判断他是否能够成为一名合格的合伙人。

在进行合伙人贡献估值时，我们首先要对他们的投入进行估算，然后再估算出总的价值，最后算出比例。

假如有一名员工参与了创业，投入了相关技术，还投入了部分设备，那么两者的价值需要分别估算。假设这名员工投入的技术估值为15万元，设备估值为5万元，那么他所投入的总价值就是20万元。假设整个团队的总投入是100万元，那么这名员工的贡献百分比即为20%，所占的股份也应该是20%。

此外，还可以按照员工对企业付出的工作时间、现金或者实物资产、创意点子、人脉资源等来进行估值。

具体采用何种办法来估值，每个美业店要根据自己的具体情况来确定。

2.5 打造团队文化,增强团队凝聚力

打造团队文化是团队组建的一个重要内容。团队文化可以让团队成员在精神上受到一定的约束和鼓舞。但是,团队文化打造是一个持续的过程,需要通过时间的积淀,才能慢慢使团队文化根深蒂固到每个成员的心目中。下面我们来看一下,打造美业团队文化,应该从哪些方面入手。

2.5.1 团队皮肤:统一美业店的"团队符号"

美业店需要打造一种统一的语言或者符号,即"团队符号"。团队名称、团队口号、团队歌曲、团队信仰、团队标志、团队服装等都属于团队符号。

美业行业是走在时尚前沿的服务行业,因而美业团队与其他团队不一样,应具有一定的"美感"——在"皮肤"上一定要彰显国际化、大气化、时尚化。

比如在服装上,美业店需要找专业的设计师来设计一款与众不同的服装,在服装的设计理念上要充分与团队的内涵联系起来。而且在职位等级上也要区分开来,比如助理的服装、技师的服装、店长的服装要有所区别,但是要保持风格的统一,不能区分太大(颜色、款式不

能跨越太大)。

再比如,要设计一款适合美业店的 logo(标志)。这个 logo 既要简洁大气,又要新颖时尚,可以聘请专业设计团队帮忙设计。一个好的 logo,可以对整个美业店的发展起到推波助澜的作用。

2.5.2 团队血液:打造团队内涵

在团队文化上,要注重内涵的打造。所谓的"团队血液",就是指团队平时所做的各种建设工作,比如晨会的激励、小组之间的较量等。企业通过这类激励活动可以增强团队的凝聚力,同时提高团队士气,每个成员的责任心和归属感也会增强,工作起来自然更加有活力、有激情。

我们来看看日本一家美业店的案例:这家店铺每季度都要召开一次由各小组负责人参加的讨论会,以便了解彼此的经营成果。开会之前,老板会把所有小组按照完成任务的情况从高到低划分为 A、B、C、D 四级。这种做法充分利用了人们争强好胜的心理,因为谁也不愿意排在最后,以此鼓舞大家全力以赴提高业绩。

还有一家美业店推出了物质激励法——每个月都设立第一名激励奖金,虽然奖金不多,但是大家都很积极地参与进来。通过这个方法,团队成员之间可以相互竞争、相互学习、相互激励,整个团队充满了积极向上的正能量。

2.5.3 团队使命:让每个成员都有梦想

团队的使命,顾名思义就是要给团队一个愿景:未来我们要把团队打造成什么样？团队未来要承载什么样的责任？一个美业店的管理者，应该跟大家描述未来的蓝图，缔造一个未来团队的愿景。通过这种精神上的鼓舞，让团队成员犹如"打了鸡血"活力四射。此外，这也能激发每个成员的圆梦斗志。

2.6 提高团队执行力

管理培训专家余世雄说:"中国企业不缺技术、人才与战略,中国企业真正面临的危机是执行力严重缺失。"执行力的缺失表现在以下三方面:

第一,企业在执行中总是有很多理由和借口;

第二,一个企业具备了核心竞争力后,总是"纸上谈兵";

第三,决策出来之后,拖很久才能执行。

创业老板必须要意识到提高团队执行力的重要性。知行合一、刻不容缓是实现战略目标的需要,也是沿着正确方向快速发展的需要。

2.6.1 企业执行力不佳的五大原因

为什么很多企业的执行力不够?如果不弄清原因,我们将无法从根本上去改变现状,真正提高企业执行力。下面来看一下企业执行力不佳的五大原因:

1. 管理者自身管理素质不高

通常情况下,企业团队执行力不够的原因在于管理者不知道想做什么、谁去做、怎么做。管理者没有年度计划、月度计划,没有日报机制,更没有对工作的长期规划。从大的方面说,对政策和制度的执行不能始终如一地坚持，虎头蛇尾，前面轰轰烈烈，后面不了了之；从小的方面说，有布置没有检查或检查不到位，如检查工作时紧时松、随心所欲。俗话说：没有规矩，不成方圆。作为管理者，要想管好企业管好员工，首先应该立好规矩，使员工有"法"可依。这就需要管理者具备相关理论知识和管理能力。

2. 管理制度不规范、不严谨

公司管理制度是实现公司目标的有力措施和手段（规范化的制度是根据企业目前的发展来设定的，而不是照搬的）。美业店只有通过严格的制度管理，打破"人管人"的旧框架，实行制度管人的管理模式，实现管理职能化、制度化，明确管理者的责、权、利，从而避免"多头领导"，才能提高管理效率和企业执行力。

3. 缺乏高效的工作流程

工作流程是工作效率的基本保证。流程决定效率，同时影响效益。好的工作流程能够使企业各项业务管理工作良性发展，从而保证企业的高效运转。相反，差的工作流程则会导致问题频出，团队出现相互推诿的现象。

一些常见的问题，比如客户大量流失、业绩不稳定、留不住人员，主要就是缺乏高效、规范化的工作流程。因此，企业必须要建立各项工作流程，比如接待流程、销售流程、售后服务流程、培训流程。

举例来说：

刷马桶的流程：戴上橡胶手套，将厕所清洁剂倒入马桶，用刷子刷马桶，冲水。

洗毛巾的流程：将洗衣机打开，设置水位和时间，将5毫升84消毒液稀释后倒入洗衣机，将30条毛巾或10条浴巾放入清洗，值日人员将毛巾放在指定位置晾晒，晾干后折叠放置于毛巾柜中。

4.缺乏对员工的素质教育

美业店发展、壮大的根本在于人才。因此，注重员工的素质教育，是美业店经营的重点工作之一。

员工的素质代表着美业店向客户兑现服务承诺的能力，员工的言谈举止直接关系到美业店的形象和员工在客户心目中的位置。向客户许下一个有吸引力的服务承诺，仅仅是服务成功的第一步，其后专业、周到的服务才是重点，员工要把良好的修养表现得当。员工的素质决定着美业店的生存和发展。一般来说，员工的良性循环表现为：素质高—完成工作标准高效—分解任务能力强—完成任务概率高—品牌知名度高—生存希望就高—发展空间就大。

根据多年的管理经验，我们提出要注重培养团队"五心"（见图2-14）。

- 一是热爱本职工作，对工作有一颗强烈的事业心
- 二是忠于职守，对工作有一颗高度的责任心
- 三是刻苦钻研，精益求精，有一颗不断创新的心
- 四是始终保持高度的热情，做好对内对外的服务工作，使客户感到舒心
- 五是发扬积极向上的团队精神，让领导放心

图2-14 团队"五心"

通过培养员工的"五心"来发挥他们的潜力，调动他们工作的积极

性和主动性,才能推动美业店健康快速、高效率地向前发展。

5. 缺乏凝聚力的企业文化

企业文化不仅仅表现为一种口号,更表现为一种工作态度。天道酬勤、知行合一,真诚才能到永远,企业必须要通过打造一些实际的团队活动来增强凝聚力。

2.6.2 执行力的三大要素

一个团队的高效执行力包括三大要素(见图2-15)。

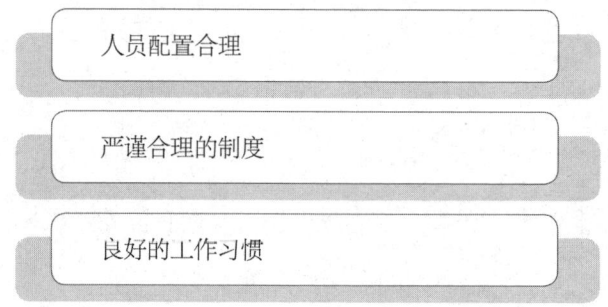

图2-15　团队高效执行力的三要素

1. 人员配置合理

这包括做什么?怎么做?谁去做?

(1)积极选拔合适的人才,并将其安排在恰当的工作岗位上,还要锻炼员工队伍的执行能力。

(2)强化执行力的工作中,选人、用人是关键,只要选对了人,用好了人,就能最终留住人。

2. 严谨合理的制度

要制定出科学、简单、有效、合理的制度,才能得到整个团队的认可。

"没有规矩，不成方圆"，没有规章制度约束，人类的行为就会陷入混乱。制度与文化是企业管理最基本的两种手段。

管理制度是美业店为求得最大效益，在运营实践活动中制定的各种带有强制性并能保障一定权利的各项规定或条例，包括人事制度、工作管理制度等。它是美业店实现经营目标的有力措施和保障。

科学、合理的适合企业发展的管理制度能有效规范员工行为，提高员工的工作效率和质量，形成一种良好的企业文化。在店铺运营中，关于管理制度要明确以下几点：

（1）管理制度需具备必要性和可行性；

（2）管理制度需具备严谨性和合理性；

（3）管理制度编制要文件化；

（4）管理制度建设的重点是执行管理；

（5）管理制度要有跟踪执行的过程；

（6）要及时纠正存在缺陷的管理制度。

3. 良好的工作习惯

做事拖泥带水、举棋不定、有计划不去执行，最终错失发展机会……这些坏的工作习惯不但会导致一个人的事业失败，而且可能会扼杀一群人的工作机会。因此，工作中的坏习惯是团队执行力不强或下降的重要原因。

一个优秀的管理者上班的第一件事情不是闲着等事情来找他，而是马上安排自己的工作日程：回访哪些客户、不回访哪些客户、哪些客户需要预约、为哪些客户祝福生日、短信问候哪些客户、安排员工日程,等等。这种良好的工作习惯体现在:提前给自己做好计划,处理问题坚决果断。

2.6.3 确保执行力的五个关键词

(1)沟通:没有沟通,就没有管理层面的上下合力。

(2)协调:良好的协调能力是确保执行力的必备条件。要努力做到"四心":上级放心、同级热心、下级安心、内外齐心。

(3)反馈:信息反馈要及时、准确、有理有据。如:这个月增加多少新客户?他们的消费额是多少?哪些项目在本月销售率较高?主要消费人群在哪里?

(4)责任:敬业、热忱、主动、忠诚是有责任心的表现,更是一种能力。

(5)坚持:坚持是一个持续的过程。"不积跬步,无以至千里;不积小流,无以成江海。"只有长期坚持下去,才可能有所收获。

2.6.4 如何提高管理者的个人执行力

要提升企业执行力,首先要提升管理者的个人执行力。这取决于管理者的工作思路和方法、工作方式和习惯、管人与管事的理念和方法、管理风格与性格特质等。

管理者的个人执行力需要通过理论学习和管理实践逐渐增强,具体可以从以下方面进行强化:

1. 养成自动自发的工作态度

一个高效的管理者,应该制定自己的月工作计划、周工作计划、日工作计划,并根据自己的计划一步步、有目的地自动自发工作,要区分轻重缓急、按先后顺序来处理各项工作。对于先做什么、再做什么、最后做什么要有清晰的思路,要有计划、有步骤、有想法地工作,对于工作中出现的各种状况,要能冷静思考、沉着应对。所以,要加强学习、更新观念,变被动为主动。

2. 给下属做好工作计划

要按照岗位、任务、目标、计划、责任来分步分项细化工作,使每位员工明确自己的工作内容,并掌握好工作进度。作为管理者,一定要有全局观,要站在一定的高度统领团队成员的工作。

3. 做好工作日志

当天工作做好记录:约了多少人,来了多少人,有多少人消费,分别消费了什么。

4. 做好工作报表

作为美业店管理者,要根据管理的业务情形和所要达到的效果,交代下属做好必要的工作报表:综合性报表,主要反映美业店整体经营情况和财务状况的报表;进度性报表,及时了解正在进行中的各项工作的状况,以便采取相应的对策,做到对工作进度的整体把控。除此之外,还有预测性报表、明细性报表等。

5. 做好工作评估

要及时总结,做好阶段性评估:将好的与不足的信息都反馈给下属员工。要肯定成绩,正视不足,对于不完善的地方提出改进要求和下一阶段的期望;还要倾听下属的想法、期望、建议等,提供相关的、必要的协助与支持。

6. 做好工作会议

及时召开工作会议，总结前一时期或某阶段（相关项目）工作状况，布置以后一段时期的工作，同时要了解员工的工作状态和思想状态，听取下属意见和建议，并给予回应。

7. 把小事做扎实、做深入

俗话说："一屋不扫，何以扫天下？"要干一番大事业，必须做好每一件小事。管理领域中一般无大事，所谓"大事"，是与"小事"相对的概念，小事做不好，可能会坏了大事。

8. 养成良好的工作习惯

培根说："习惯是一种顽强而巨大的力量，它可以主宰人生。"好的工作习惯能帮助我们提高工作效率，提升我们对工作的信心。在工作中，要明确目标，做出总体规划；面对需要自己完成的每一项工作，要能分出轻重缓急，合理安排时间，认真及时地完成，决不拖延；对于棘手的事情，要通过各种办法、各种途径尽力解决，也要学会与同事或上司沟通，寻求支持和帮助。总之，好的工作习惯养成得越多，我们驾驭工作的能力就越强。

2.6.5 店长的工作内容

打造团队执行力需要注意细节。下面来看一下美业店店长的工作内容。

1. 店长营业前工作

（1）安排工作：安排人员进行卫生打扫、产品货架摆放、用品用料筹备、当日客户护理、客户回访、生日祝福。

（2）检查工作：检查员工仪容仪表情况、考勤情况、环境卫生情况、用品仪器设备情况、用品用料情况。

（3）物品筹备：收银准备、产品准备、用品准备、用料准备。

（4）召开晨会：前一日营业总结、个人业绩公布、安排当日活动及促销工作。

2. 店长营业中工作

（1）日常管理：监督团队严格按工作流程操作，时刻保持区域卫生、产品陈列整齐。

（2）接待客户：安排员工严格按接待流程操作，强调员工服务态度及服务用语。

（3）销售：分析客户档案，及时提醒员工客户以往消费状况，激励员工完成目标。

（4）信息反馈：收集客户的反馈信息并进行分析。

（5）投诉处理：端正态度，认真听取客户投诉，并及时处理。

3. 培训工作

在销售和工作空闲时间，为员工进行产品、技术服务等相关的培训，具体培训内容要结合工作实际来确定。

4. 店长营业后工作

安全卫生检查、日报表整理、清点现金、档案整理、指导个别员工、安排夕会。

第三章

分钱智慧：分好钱，管好人，聚心合力共创大业

俗话说："想赚钱，先要会分钱。"如果一个老板不懂得分钱，就不可能赚到大钱。美业店更是如此。美业店员工众多，大家职务各不同，岗位薪酬安排是否合理、绩效分钱是否科学、福利分钱是否到位、权责是否清晰等，都是老板需要考虑的问题。作为创业者，只有学会分钱的智慧，才能管理好人，只有管理好人，才可以把店铺做大做强。

3.1 懂得分钱的艺术，做好最基本的激励管理

很久以来，企业管理者只想着如何赚钱，很少去思考如何分钱。实际上，分钱给员工，不但不会影响赚钱，反而还能让他们为企业带来更多的利益。作为老板，学会分钱是一门必修课。

给员工分好钱是一种最基本的激励管理，公平分钱，才能不分心，让大家凝聚在一起，齐心协力共同把企业做好。

那么，在分钱的问题上，老板应该如何做呢？

1. 老板只拿六成

很多老板往往明白分钱的道理，但是在实际操作中却并不知道怎么做。分钱是一门艺术，如果你能把这门艺术发挥到极致，让大家竖起大拇指，你绝对是一个明智的老板。作为老板，给自己拿钱时，拿七成是正常，拿八成也合理，但是却并不能做到真正地激励下属。因此我们说，老板只拿六成，这才是分钱的高境界。

马云在刚开始创立阿里巴巴时，集合了18个成员一共凑齐了创业费用50万元。有些人只是出了几千元，甚至更少，只有几百元，但是马云依然给他们最原始的股份，自己拿的钱甚至连六成都不到。

马云这样分钱的结果，就是换来了"十八罗汉"的合力，将阿里巴巴打造成了中国最大的网络贸易巨头。

当你的合作伙伴或者员工拿到了比预期更高的回报时，他们会从心底里对你产生信任感和认同感，团队自然也就有了向心力。这样一来，你收获的不仅仅是员工在工作上的付出，还有他们对你的支持。

2.分钱讲情感，既分好了钱，又赢得了人

企业老板在分钱时，一定要讲情感，从情感方面分好钱，才能更好地管理人。如果你只是随随便便地给员工分钱，很可能会导致员工拿了钱也不会对你有所感恩，更不会产生对企业的向心力和归属感。

事实上，只要你真正用心对待员工，把员工当家人那样关心，员工自然能感受到你的"情"，如何回报呢？自然是日后更努力、更死心塌地地工作。

3.通过分钱，激励员工为企业赚大钱

企业为什么要把大量的钱拿来分？是因为这是最好的激励方式，可以更稳固地留住人才。人才从哪里来呢？从你的钱袋里来。

苹果公司CEO蒂姆·库克在2014财年薪酬总额为922万美元，其中包括工资174万美元，非股权激励薪酬670万美元。然而，他在苹果公司并不是薪酬最高的人。也许你会诧异，难道还有比苹果公司CEO赚钱更多的员工？答案是肯定的。有多名苹果公司高管的2014财年薪酬远超蒂姆·库克，其中最高的是安吉拉·阿伦茨。安吉拉于2014年5月进入苹果公司，成为负责Apple Store业务的高管，2014年的薪酬高达7340万美元。也许你的疑问是：苹果公司为什么给一位加盟不足一年的高管如此高的薪酬？

安吉拉在到苹果公司工作之前，曾担任高端时尚奢侈品牌巴宝莉（Burberry）的CEO，年薪是3700万美元。苹果公司花了18个月才将她挖过来，给她的薪酬包括41万美元工资、50万美元签约金、164万美元非股权激励薪酬，以及7000万美元股票。

苹果公司的主要销售正是依赖于iPhone产品线，因此苹果公司对于线上和线下的商店很重视。安吉拉担任的职位正是零售店和在线商店高级副总裁。

安吉拉到苹果公司工作的原因也许有很多，但薪酬肯定是其中很重要的一个。如果苹果公司不给安吉拉这么高的薪酬，安吉拉不如留在巴宝莉工作了。因此，分钱给高端人才往往能使他们在企业经营中发挥更大的作用，为企业赚更多的钱。当然，管理者的格局直接决定着企业的分钱策略。

3.2 薪酬设计：**专业薪酬制度与岗位挂钩**

在一个企业的分钱机制中，最基本的方式就是薪酬式分钱，这也是最普遍的一种分钱机制。老板必须要建立一个系统——合理且科学的薪酬制度，才能更好地把每一分钱分配到实处，让员工通过获得薪酬实现自己的最大价值。

3.2.1 岗位薪酬：最普遍的薪酬式激励模式

岗位薪酬式分钱是薪酬分配制度中最普遍的一种激励方式。所谓岗位薪酬制，是指按照职工在生产工作中的不同岗位来确定工资多少，并根据职工完成规定的岗位职责情况支付劳动报酬的一种薪酬制度。

很明显，岗位薪酬制的标准是根据岗位技术高低、责任大小、劳动强度、劳动条件等因素来确定的。

岗位薪酬制是最大限度地将劳动组织和工资制度密切结合起来的分配形式。一般来讲，一个岗位对应一个薪酬标准。

在现代化的岗位薪酬中，不再是"死工资"模式，这类员工并不会因为具有某些技能而一辈子享受某个级别的工资，而是根据他们当前从事的工作来获得工资，这就很好地避免了"一劳永逸"的技能证书和没能在岗位上发挥作用的技能对工资的影响。

岗位薪酬制通常有三种类型。

1. "新五岗"岗位工资制

"新五岗"岗位工资制是针对棉、毛、麻、针织、印染、丝绸等纺织企业的运转生产的各个工种，根据岗位责任、技术繁简、劳动强度、劳动条件等因素来确定各工种的岗位顺序。这种制度统一设一岗、二岗、三岗、四岗、五岗。各岗位的顺序代表着各工种的工作物的等级差别。员工会按照岗序和岗差得到相应的岗位薪酬，实行岗位工资，采取的是经过考核逐步过渡的办法，即一岗、二岗、三岗工人，在经过了熟练期之后，经考核合格，会从岗位工资的60%开始，以后逐年均衡增加，即第二年70%，第三年80%，第四年90%，第五年达到岗位薪酬标准；而四岗、五岗工人，经过熟练期后，经考核合格，第一年就可以拿到岗位工资的80%，第二年拿到岗位工资的90%，第三年达到岗位工资标准。

2. "一岗一薪"制

"一岗一薪"岗位工资制是指一个岗位就只对应一个工资标准，各岗位工资标准与其岗位相对应，排列顺序从低到高，组成一个系统的岗位工资标准体系。它主要体现的是不同岗位之间的工资差别，不体现岗位内部的工资差别。

3. 岗位等级制

岗位等级制是按照岗位和岗内劳动差别来确定工资的一种薪酬制

度。通常情况下实行的是一岗数薪。它是在岗位工资的基础上发展起来的一种新型薪酬制度，兼有岗位工资制和等级薪酬制的特点。岗位等级制是根据职工在生产工作中的不同岗位来确定工资标准幅度，然后再在同一岗位上按照技术复杂程度、劳动繁重程度及责任大小确定岗位薪酬标准，并按照这个标准来支付报酬。

在岗位等级工资制中，各个岗位都要按照技术的复杂程度、劳动责任、劳动强度和劳动条件等因素划分，岗位内部也要按技术、业务复杂程度等划分等级。然后，再确定各岗位各级工资标准。职工在本岗内可以进行考核升级，逐步提高工资，直至达到岗位的最高工资标准。

实行岗位薪酬制，需要老板来制定各类岗位的考核标准，包括各岗位工作的职责范围、规程、技术业务要求和上岗职工必须具备的条件，以及上岗下岗的工资支付办法等。同时，老板还要结合各类岗位的生产、工作特点，根据具体需要，配合采取适当灵活的工资形式。老板还要和高层管理人员一起加强企业定员定额管理，建立健全企业的各项规章制度，这样才能更好地发挥岗位薪酬制的价值和作用。

3.2.2 弹性薪酬：用"弹性"取代稳定，增强激励效果

弹性薪酬从字面上理解就是最大限度地满足员工的需求，用最灵活的薪酬方式来让员工实现最大价值。

这种方式需要企业在公平、公正、合法的前提下采用，既要适当拉开薪酬差距，也要体现按贡献分配的原则，实现薪酬的激励效果，从而提高员工的工作积极性。

对老板来说，建立这种弹性薪酬制度，加大内部分配浮动比例，可以充分体现"按劳分配"原则。同时，老板还应从物质奖励出发，运用不同的激励手段，增强激励效果，将员工的收入与业绩挂钩，促进内部良性竞争，形成"能者上、平者让、庸者下"的用人机制，在这个过程中，尽可能激发出每个员工的内在潜力。

在弹性薪酬体系中，奖金的权重会比较大，并配合计件制、提成制等来计发。因此，老板要特别注意协调好工作时间、工作效率和员工贡献之间的关系。有的员工可能工作时间很长，但效率并不高，那么他的奖金就不可能太高。弹性薪酬制的实质就是鼓励员工提高自身技能，进而提升工作效率，为企业做出更大贡献。

3.2.3 混合薪酬：灵活分类，综合调动工作积极性

混合薪酬制也称结构薪酬制，是由几种职能不同的薪酬结构组成的混合型的薪酬制度。每一个部分的薪酬都对应一个支付薪酬的因素，通过薪酬体现劳动差别。

混合薪酬制主要由五部分组成，分别为：工龄薪酬、岗位薪酬、技能薪酬、效益薪酬、津贴补助。

1. 工龄薪酬

工龄薪酬主要是员工在企业工作时间累积而形成的薪酬。它主要起到辅助员工整体薪酬的作用。很多企业还把工龄分为企业工龄和一般工龄。企业工龄实行的是较高的分配，一般工龄实行的是较低的分配。更多的企业会按照员工工作年限分段来确定工龄薪酬标准。

2. 岗位薪酬

岗位薪酬是指根据岗位责任、岗位劳动强度、劳动环境条件等因素确定的薪酬，是混合薪酬的主要组成部分。

3. 技能薪酬

技能薪酬主要是根据员工本身的技术含量等级来确定薪酬的部分。这个部分仅次于岗位薪酬，也是混合薪酬的重要组成部分。

4. 效益薪酬

效益薪酬是一个综合的薪酬部分，即根据企业最终的经济效益来决定员工的薪酬部分。这个部分对混合薪酬来说也必不可少。

5. 津贴补助

在混合薪酬中，津贴补助也是非常重要的一个部分。很多企业将津贴补助纳入岗位薪酬中，也有些企业单独作为一项。津贴补助主要指因为社会物价变动而设立的补偿部分，比如交通费用、食宿补助等。

企业老板要根据企业的整体环境、经济效益和员工的具体情况进行灵活分配。只有将这些因素都考虑在内的混合薪酬制度，才能赢得员工认可，并使员工全心全意投入工作，为企业发展贡献自己的力量。

3.2.4 年薪工资制：做好合理的长期激励措施

通常情况下，小企业实行的往往是月薪制，而大企业或者集团则实行的是年薪制，尤其是对那些高端技术人才和核心高层人员。年薪制对老板来说，比较有挑战性，一次性给足员工一年的工资，这是一个大手笔的分钱操作。年薪制对员工来说是一种非常合理的长久激励措施，可以为老板留住更多人才，尤其是高端人才。

年薪制是以企业的经营业绩指标为标准，确定经营者年度薪酬的一种制度。年薪制通常分为基薪和风险收入两个部分（见图3-1）。

> **基薪：**
> 根据同行的经济效益水平、生产规模以及本地区经济情况和员工平均收入等基本因素来确定

> **风险收入：**
> 根据本企业的经济效益水平、生产经营责任轻重、风险程度大小等非确定因素来确定

图3-1　年薪制的两部分

3.3 绩效分钱：按目标责任打造高效执行力

绩效分钱很明显是指通过绩效考核而分钱的模式，即企业老板以业绩作为给员工分钱的主要依据，对员工的实际工作做出的一种考察和评价。

绩效分钱是一种相对来说比较公平、公正的分钱方式，既能激励员工，又能促进企业整体效益的提高。

3.3.1 设立 KPI 指标，根据指标分钱

KPI 即关键绩效指标，是把企业的战略目标进行分解的一种工具，也是企业绩效管理系统的基础。它通过对企业的战略目标进行分析，运用逻辑导图的方式将战略目标分解成几个关键的目标领域，同时还要设定关键领域的绩效指标。

KPI 可以让部门主管明确部门的主要责任，并以此为基础，明确部门人员的业绩衡量指标。从这一点来看，企业建立一个明确的、切实可行的 KPI 体系是做好绩效管理的关键。

设定 KPI 指标时，老板需要根据以下几个原则进行（见图 3-2）：

图 3-2　设定 KPI 时的原则

（1）全局观原则：把员工个人和部门的目标同公司的整体战略联系起来。

（2）稳定原则：假如企业业务流程基本不变，那么关键绩效指标也不应有较大的变动。

（3）简单原则：关键绩效指标需要简单明了，这样才更容易被执行者理解和接受。

（4）"SMART"原则："S"（Specific）指目标要具体；"M"（Measurable）指目标要量化，这样才能够衡量；"A"（Attainable）指制定的目标通过努力能够实现；"R"（Relevant）指目标要与员工岗位业务相关；"T"（Time-bound）指完成目标要有具体的时间限制。

建立 KPI 指标具体的操作流程如下：

第一步，确定企业级别的 KPI。

首先必须要明确企业的战略目标，最好是在企业会议上找出企业的业务重点，这也是企业价值评估的重点。随后，再找出这些关键业务领域的 KPI，也就是企业级别的 KPI。

第二步，确定部门级的 KPI。

各部门的主管需要依据企业级别的 KPI 来建立部门级的 KPI，并对相应部门的 KPI 进行分解，确定相关的要素目标，以及实现目标的工作流程，进而确定评价指标体系。

第三步，确定个人的 KPI。

各部门的主管和部门的 KPI 人员一起再将部门级别的 KPI 进一步细分，分解出更具体化的 KPI 及各职位的业绩衡量指标。这些业绩衡量指标也就是员工考核的要素和依据。这样，既能保证全体员工朝着企业战略目标共同努力，也会对各部门管理者的绩效管理工作起到很好的促进作用。

第四步，设定评价标准。

这主要是用来解决"被评价者应该怎样做，做多少"的问题。

第五步，审核关键绩效指标。

审核的目的是为了确保这些关键绩效指标能够全面、客观地反映被评价对象的绩效。

3.3.2 先给一个"工资包"

"工资包"的方式是华为公司的独创，也值得其他企业学习和借鉴。在华为公司，创始人任正非提出："绩效激励是整个绩效管理中最关键的一环，也是直接影响员工绩效成绩和绩效质量的一环。"华为公司实行的是"分钱"式的绩效激励，即先给员工一个"工资包"，然后再推任务，这是华为公司特色的绩效激励分钱法，实际上就是按照能力来分钱。在华为公司,"牛人"的薪水甚至不封顶。你有多大雄心,有多大能力,就能拿到多少钱。在绩效管理方面,华为的"工资包"发挥出了较大的激励作用。

华为公司认为金子并不会发光,但是可以给它提供一个折射阳光的平台。而华为公司的绩效管理就是这个平台。"工资包"绩效考核方法主要包括四个方面的内容(见图3-3)。

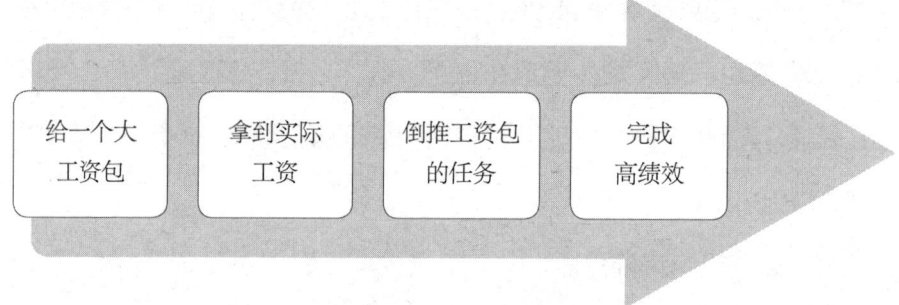

图3-3 华为"工资包"绩效考核方法

很显然,这是一种提前分钱的方法。先给员工一个"工资包",让员工意识到老板的"厚爱",意识到绩效管理的约束,他们就能够尽最大力量去完成这个任务。

当然,因为每个公司的情况不同,在采用这种"分钱"方式时,要注意三点:

(1)并非给所有人"工资包",而是只给核心员工;

(2)"工资包"一定要能打动核心员工;

(3)"工资包"和任务期限同时给出。

3.3.3 定制绩效考核方案，定好目标责任系统

在绩效分钱的模式中，还有一种方式，那就是定制绩效考核方案。这个方式理解起来很简单，譬如你前往商场购买一套西装，即便是按照自己的尺码购买，还是会出现个别地方不贴身等问题。但如果你去服装公司定制，那么你的西装一定会十分贴身。

定制绩效考核就是要根据员工的才能来制定有效的绩效考核方案。首先，企业要对员工进行分类和培训，对人才进行划分，不同级别的员工在绩效考核中一定要根据实际情况来评定，只有这样，才能发挥出每个级别员工的不同优势，并将这些优势组合成一股强大的力量，从整体上不断推动企业的发展。

3.4 福利分钱：要创业，先绑定员工利益

我们在谈分钱方案时，不能忽视一种叫"福利分钱"的方式。比如，过年时给员工发送过年红包，平时发送的交通补贴、住房补贴，生日时发送的生日红包，等等。常常会听到有人这样说："××老板真是慷慨大方！"这种发自内心的夸赞说明这个老板在员工福利上做得比较到位。而对老板来说，抓住员工的需求，借助福利分钱的方式赢得人心，更是企业管理和运营中的一种有效措施。

3.4.1 给员工一个基本保障：留住员工的最基本福利支出

杭州一家美发店里有一位技师向老板提出辞职，老板询问理由，这位技师说出这样一番话："我有个师弟在深圳一家美发店，店铺规模虽然不大，但是福利待遇特别好，不但有五险一金，而且每个月都有红包收——员工过生日，老板会给发红包，每个节假日也都有红包。而我只是拿固定的死工资。"

这位老板听了之后忽然觉得有些惭愧，于是为了留住人才，改变了自己"一毛不拔"的缺点，开始开会提出方案，然后执行福利奖励。

企业老板一定要意识到员工对福利的追求，通过建立最基本的福利制度来留住优秀人才。最基本的做法就是要给员工一个基本保障。比如以下基本福利保障：

1. 国家政策规定的福利项目

国家政策规定的福利项目是企业要为员工办理的社会保险，其险种分为：养老保险、医疗保险、失业保险、工伤保险、生育保险。

2. 企业自身设置的其他福利项目

（1）休假福利：带薪年休假、事假等。

（2）补贴福利：住房补贴、饭补、车补、岗位补贴、工龄补贴、通信补贴等。

（3）教育培训福利：企业积极为每位员工提供业务培训和继续教育的机会，根据企业各个层面员工的特点组织不同的培训。具体培训包括员工在职培训、企业出资外出培训、公费进修等。

（4）健康福利：企业每年组织员工到医院进行体检。

（5）设施福利：企业为丰富员工的文化生活、培养员工积极向上的道德情操特别设立的福利项目，包括企业每年组织一次国内旅游、三年组织一次出国旅游、每年春节组织特别年会、各种联谊活动等。

（6）庆贺福利：企业为照顾员工的情怀和传统，在节假日或者特殊的节日，为员工设立庆贺福利。

（7）特别福利：为企业的核心骨干施以持股福利等。

企业可以根据自身实际情况来选择合适的福利安排，给员工提供基本福利保障。

3.4.2 按揭分钱：奖励员工奋斗

在福利分钱中，老板还可以采用按揭方式来分钱，奖励员工比如房子、车子等。下面是两种常见的方式。

1. 用一套房产留住核心人才

有些企业会这样对待一些高端人才：给他一套房，承诺在公司干完 5 年，房产过户到其名下。事实上，这样的做法十分有效，特别是在北上广这样的大城市，房价不断上涨，对房子的需求成为员工的痛点，企业把痛点给他解决了，自然就能把人留住了。当然，任何一家公司都不可能随随便便给员工一套房，一是企业要有足够的经济实力，二是员工要有足够的价值。这两个条件都满足的情况下，这种方式才有实现的可能。当企业想用一套房户来留住核心人才时，一定会提出相对较苛刻的条件，比如要求对方在公司干满 3 年、5 年甚至更长时间，在这期限内，员工不得离职，等等。

此外，还可以把房子换成汽车，道理和操作方式是类似的。也就是说，用明天的筹码来挽留今天优秀的员工，让他为企业创造更大的价值。这对老板来说，是一件非常划算的事情。

2. 给能够独当一面的员工一个店面

在福利分钱方式中，老板还可以考虑这样的一种方式：分给那个能够独当一面的优秀人才一个店面，让他去管理。在很多企业中，尤其是大型美容企业，总会有很多优秀的人才，他们实力出众，完全可以独当一面。面对这样的人才，老板总是惺惺相惜，甚至害怕一旦哪里做得不好，这个人才会流失掉。

既然对方很优秀，而你又想把他留住，就要为他创造施展才华的机会，让他这匹"千里马"纵情驰骋。在这个过程中，他也会感恩你这位"伯乐"，进而用自己的实际行动做出更佳业绩回报你。

3.4.3 "大奖"分钱模式

在企业中,很多优秀员工因为在工作中找不到自己的价值,得不到领导认可而纷纷跳槽。老板不妨反思一下,你的激励措施是不是没有做到位?我们来看一下类似彩票式的分钱方式。换句话说,就是让员工中"大奖"。

1. 公司内设定"第一名"大奖

老板可以在业绩上设定一个标准,奖励当月或者季度达到这个标准的第一名一个大奖。

通过设立大奖的方式,可以激励员工发挥最大的潜力和才能。当然,大奖的奖金要有吸引力,至少是员工常规收入的 5 倍以上。

华为公司从上到下的部门都在落实这种分钱模式,部门评优、团队金牌、配股、月度、季度、年度各种评选,这些都能激励员工奋力拼搏。当一个员工拿着比平常工资高出 5 倍的奖金时,内心就会有一种存在感、价值感和使命感。

2. 设立明星员工,给予奖励

在企业中,老板需要找到那些"明星员工",即业绩好、价值观好的人才,给他们充分的肯定和关怀,并且为他们提供成长的平台,让他们看到晋升的希望。

事实上,当老板把"明星员工"带动起来之后,那些原本成绩一般的员工也会备受鼓舞,在以后的工作中积极进取、力争上游,想要成为"明星员工"。如此一来,员工的工作积极性大大提高,整个企业的经济效益想不提高都难。

3.4.4 年终奖分配

年终奖是大多数企业的主要福利之一。在年终奖的发放上,老板一定要把好关,发放到位。这需要老板制定一个切实可行的、科学合理的年终奖分配方案。

老板首先要明白,发放年终奖的目的是什么?年终奖的作用如下:

1. 鼓舞员工士气

发放年终奖的目的之一就是通过发放奖金,鼓舞员工士气,提升员工满意度与对企业的归属感,强化他们对公司文化的认同感。

2. 降低人才流失率

发放年终奖能够增强企业的美誉度和吸引力,提高员工对企业的归属感,降低人才的流失率。

3. 彰显企业绩效考核的权威性

年终奖通常都会与企业效益、员人个人能力、职业级别、工作表现等指标挂钩,按照一定的标准进行分配。发放年终奖可以彰显企业绩效考核的权威性,增强员工对企业绩效考核制度的认同感,进而从企业整体战略角度来引导员工积极配合公司未来的发展。

发放年终奖需要遵循一定的原则(见图3-4)。

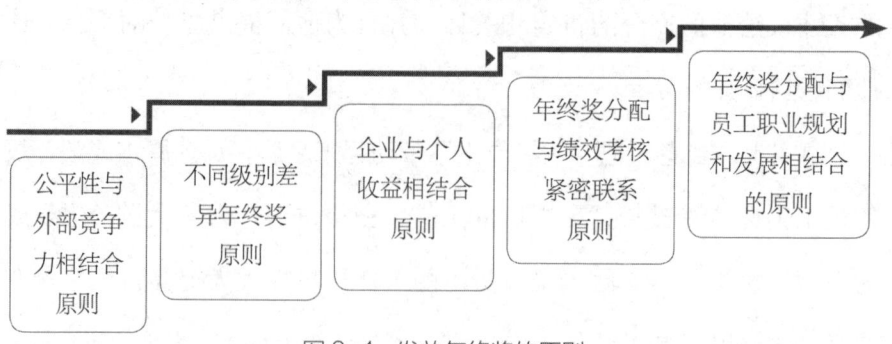

图3-4 发放年终奖的原则

3.5 分钱容易分权难，权、责、利的分配不容忽视

学会分钱对一个老板来说很重要，真正有价值的分钱模式是"三联式"，换句话说，你不仅要分钱，更要分权、分责，只有这样，你分的钱才能为你带来更多的利益。分钱容易分权难，如何做好权、责、利三方的科学分配是企业老板更应该注重的问题。

3.5.1 给多少"权"，就给多少"责"

在分钱时，通常情况下，你需要将责任一起发放。比如，给予对方一个福利大包，那么也要他承诺做到什么程度，而这个"承诺"就是责任。同时，在分给对方钱时，也要适当放权，让员工有的放矢。"权""责"不仅要明确，而且还要相当。换句话说，就是有多大的权，就担多大的责。如果权责不明或是不匹配，员工后面的工作会很难进行。

对于权责关系的处理，应该遵循以下规则：

1. 以分工为基础，实行不平行原则

老板首先要清楚一点，分权分责是以分工为基础的。我们可以这样想象一下，如果把同一个任务同时授权给两个员工，没有明确分工，

那么结果会怎样？这样很可能造成权责不明——谁都可以管，谁都可以不管。那么，做得好了，是谁的功劳？做得不好，又是谁的责任呢？因为权责划分不清，这两个员工可能都不会尽心去做。

如果这个任务确定需要两个以上的部门或者更多员工去共同完成，那么老板要记住：必须让主要责任落在一个部门或一个人身上，这种做法就是不平行原则。

分工分权、分权分责是一个企业在运行中必须要遵守的规范，只有这样，企业才能活而不乱、动而有序，也才可以保证企业结构始终处于合理和最佳状态。

2. 适当的奖惩制度是落实权责的保障

没有奖罚制度当保障，权、责就无法落实。奖要奖得员工心花怒放，罚要罚得员工心服口服，只有这样，才可以保证权、责真正落地。

一个美业店老板这样安排工作：

给一个组长一个月的时间，实现 10 万元销售额。组长全权负责小组的所有营销事宜，大胆去实施。如果完成任务，老板给予小组 3 万元奖励，其中组长个人会拿 50%，剩余 50% 由小组其他成员平分。但如果完不成任务，组长将会被扣除一年的奖金。

这个做法其实就很合理，权、责分得很好，不但对组长做到了充分放权，而且也有一定的责任约束。

3.5.2 综合考量，建立卓越"权、责、利"体系表

著名管理大师彼得·德鲁克曾说过："没有权力的管理是空泛的，

没有管理的权力是虚构的。"很显然,权力与管理应该是紧密相关的。

总之,老板管理企业的过程,实际上就是将权、责、利结合与统一的过程。

老板为了更好地要求员工,发挥每一个员工的主观能动性,需要建立一套"权、责、利"体系表(见表3-1),用这个体系表来激励员工承担责任、做出努力、获得回报。

表3-1 "权、责、利"体系表

岗位描述（权/责/利）			
岗位负责人			
直接上司		接受指示从	
直接下属		发布批示给	
代理人		可代理	
业务指标			
权利			
岗位职责			
职务利益			
有义务完成的其他任务			
其他说明			
责任人		领导	
日期		日期	

一个企业有了这个体系表,那么当工作中出现问题时,就不会找不到责任人了。

3.6 零底薪薪酬设计

在美业店的运营过程中,悦己美业管理大学提出了零底薪薪酬设计。下面我们来看一下具体内容。

3.6.1 薪酬设计应远离的 12 大死局

首先来看一下,美业店在薪酬设计中应该远离的 12 大死局。

(1)销售递增提成制(提成比例逐渐增高法);

(2)同级同薪制;

(3)经理只发团队奖励;

(4)目标设定限度提成制;

(5)固定直接转绩效制;

(6)完全固定薪酬制度;

(7)无限工龄工资制;

(8)大包制;

(9)老总限薪强压制;

(10)个体另给红包制;

(11)年底红包制;

（12）全员提成制。

3.6.2 让员工像老板一样工作

美业店老板必须要想办法让店内员工像自己一样自动自发地工作。当然了，如果没有一套合理的科学的薪酬模式，这是无法实现的。

悦己美业管理大学提出的"悦轻松"薪酬表（见表3-2），让你学到分钱的精华，帮你解决以上问题。

表 3-2 悦己健康管理师薪酬标准

悦己组织架构	手工（元）	底薪（元）	业绩售前	现金提成	业绩售后	售后帮扶	拓客（售前40%/售后60%）				PK奖金
高级店长30%	>900	手工×3	3%	1%	4%	帮扶1%	20%	20%	40%	20%	拿出当月业绩成交现金1%，作为PK金发放： 1.业绩大于30%，奖30%； 2.业绩等于30%，奖5%； 3.业绩小于30%，不奖励
中级店长30%	701~900	手工×2.5	3%	1%	4%	帮扶1%					
初级店长30%	500~700	手工×1									
高级主管10%	>900	手工×3	3%	1%	4%	帮扶1%					
初级主管10%	701~900	手工×2.5									
实习主管（协助店长）3%	>700	手工×2.5	3%	1%	4%	帮扶1%					
高级顾问占股（具备全部技术）2%	701~900	手工×2.5	3%	1%	4%	帮扶1%					

续表

悦己组织架构	手工（元）	底薪（元）	业绩售前	现金提成	业绩售后	售后帮扶	拓客（售前40%/售后60%）			PK奖金
中级顾问占股（具备6~12个技术）1%	501~700	手工×2.5	2%	2%	4%	帮扶1%				
初级顾问（具备0~5个技术）	300~500（2个月不达标，500元劝退）	手工×2.5	2%	2%	4%	帮扶1%				

知道了悦己健康管理师的薪酬标准之后，接下来看一下悦己健康顾问月工资明细（见表3-3）。

表3-3 悦己健康顾问月工资明细

日期	手工	业绩售前	售前帮扶	业绩售后	售后帮扶	生客售前	售后帮扶	生客售后	售后帮扶	店长签字
1										
2										
3										
4										
5										
6										
7										
8										
9										
10										
11										

续表

日期	手工	业绩售前	售前帮扶	业绩售后	售后帮扶	生客售前	售后帮扶	生客售后	售后帮扶	店长签字
12										
13										
14										
15										
16										
17										
18										
19										
20										
21										
22										
23										
24										
25										
26										
27										
28										
29										
30										
31										
合计										
总结成长和收获										
本月不足										
下月计划										

第四章

收钱智慧：找到利润的源头

收钱的智慧，顾名思义就是赚钱的智慧。确定了分钱的方式后，就该考虑如何赚钱了。开一家美业店，老板必须要找到利润的源头，弄清楚赚钱的原理，做好销售推广工作的安排和布局，打造美业店的核心竞争力。本章将告诉所有的美业店老板，如何打造一套科学合理且高效的赚钱体系，轻轻松松赚大钱。

4.1 收钱的三大原理

互联网有句话:"活在风口上,猪都飞上天。"风在哪里?美业作为时尚前端行业,如何做到在错综复杂的市场中标新立异,掘取美业金矿呢?其关键必须要先明确收钱的三大原理:依靠推广来吸引客户;通过信任来获取长久利益;加强合作,采用合伙模式走长远发展路线。

4.1.1 推广:撒下天罗地网

推广,主要是依靠各种宣传方式和工具来推广美业店的产品,让更多客户看到你的产品,了解你的产品,最终选择你的产品。比如,现在互联网宣传非常广,微博、微信朋友圈、百度……让你永远不为宣传渠道发愁。

很多美业店开店当月疯狂销卡,无规划吸纳资金。这样的店铺很可能不出一年就倒闭了。很明显,这样的方式不是赚钱的最佳选择。

还有一些美业店老板会稳扎稳打,安心地服务好小圈子客户,满足于只要做到每月稍有盈余即可,这样也不算很会赚钱。

真正赚钱的理念必须要结合推广,坚持店铺理念,精益求精,甚至不惜前期亏损，也要注重打造品牌。当品牌有了一定知名度之后，客户必然会源源不断，资金链也会日渐丰盈。

首先，线下地毯式的推广和宣传要做到位——覆盖整个社区、街道、商业区域的每个角落。同时，要借助海报、传单、电视台、广播等媒介来推广。

其次，充分利用互联网思维。寻找优质的网络平台，根据自己的主营项目和目标客户来确定互联网营销平台。

美业店在利用主流网络平台时，一定要制定一个切实可行的网络推广方案，做互联网营销的最终目的是实现全网覆盖、全员推广。对于美业店来说，线下推广有很大的地域局限性，线上则不同，可以通过搜索引擎、电商平台、微信社交等各种渠道实现大范围传播。对于有连锁店的美业店来说，这是最适合不过的方式了；对于那些非连锁类型的美业店来说，也可以利用互联网手段实现周边商圈的传播和扩散，扩大店铺的知名度，进而拓展新客户。

"美业+互联网"是推广的大势所趋，单纯的线下推广是远远不够的，因此我们建议各美业店一定要把线上和线下渠道同时打通，双管齐下，这样才能有长远发展。

4.1.2 信任：不计一时得失，用信任获取长久利益

客户信任你，才会走进你的店来消费。美业店获得客户的信任是重中之重。如果获得了新老客户的信任，就可以在接下来的经营中游刃有余，那么也就能自然而然地获得"进账"。

为了赢得客户信任，美业店需要从以下几个方面着手构建信任体系（见图 4-1）：

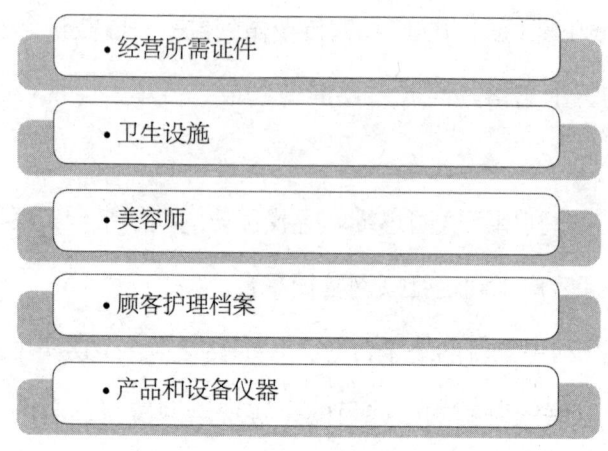

图 4-1　美业店的信任体系

1. 经营所需证件

美业店需要具备的基本证件有：营业执照、卫生许可证、物价表、医疗机构执业许可证。这些证件必须要一应俱全，而且全部都应该在有效期内。

2. 卫生设施

美业店应具备的卫生消毒设施必须要健全。以美容院为例，客户使用的毛巾、海绵扑（洗脸用的）、文眉（眼线）针、床罩、化妆品等卫生设施都必须要保持高水准。此外，美容院还应当早晚都用紫外线灭菌消毒，避免因病菌滋生使客户感染到病毒。

3. 美容师

美业店提供的是服务，是技术，因此如果美容师十分优秀，有一定的知名度，就会很容易获得人们的信任。美业店选择美容师时，应该注意选择具有正规国家专业等级资格证书（职业资格证书）的美容师。不论年龄大小，只要在店里工作，所有美容师都需要有不同等级的美容资格证书（初级、中级、高级），并且应将美容师的各种专业证书公开悬挂在店内醒目位置。

4. 客户护理档案

美业店还必须设有客户护理档案。前往美业店消费的客户如果感觉服务满意，一般会长期来店。当客户第一次接受服务时，企业就要为其建立档案，档案中应包括客户的基本信息、皮肤护理需求等内容，还要将客户每次到店接受服务的情况、具体感受、效果及意见、建议等详细记录下来，以备查询。同时，还可以将美容顾问的专业建议记录在档案中，便于双方及时沟通。

5. 产品和设备仪器

美业店要想获得消费者的信任，还必须要保证美业店内产品和设备仪器的高端水准。在产品质量上，要符合国家相应规定和行业标准，设备仪器也必须要符合国家标准，服务更应该是一流的。只有这样，客户才会对美业店产生信任并愿意经常来店接受服务。

4.1.3 合伙：放长线，钓大鱼

商务部经济数据报告显示：2015年美业市场盈利为6120亿元，2016年为6782亿元，2017年约为7543亿元，2018年预计为8300亿元，2019年预计9100亿元，到2020年则有望突破1万亿元。再加上"十三五"

规划对于新型服务业的扶持，美业行业未来发展潜力不可估量。

如此可以看出，美业是一个非常有前景的市场。既然美业是一块巨大的蛋糕，那么作为美业创业者，你能"吃"到它吗？

蛋糕虽然大，竞争也是残酷无比的。在这个残酷的市场上，向来是快鱼吃慢鱼。美业店想要成功，就要找准时代浪潮趋势，顺势而为。合伙制就是一条出路，可以为美业店带来稳固企业、创造利润这两大好处。

合伙制的方式不仅仅体现在与人合伙开店共分股权上（这方面我们在最后一章有详细说明），还体现在其他方面。

1. 共享平台

美业店想要获得更多利润，必须要懂得共享的合伙法则。其做法：在移动互联网共享平台上开设店铺，以信誉、服务、品质、标准、规范重建新的经营环境，搭建或依附一个真正帮助店铺轻松运营的平台，实现资源引流、客户引流。

2. 与手艺人合伙

未来，已经不再是一个以雇用为主的时代，而将是一个合伙人的时代。不仅开店要有合伙人，在技术方面，美业店也需要找到合伙人。比如，寻找一些手艺人，通过网络平台达成合伙模式，依附互联网工具让手艺人随时接单，随时共享店铺，为客户提供服务。如此一来，手艺人获得了额外收益，店铺获得了手艺人的口碑和声誉，打响知名度，一举多得。

3. 与供应商合伙

美业店和供应商的关系可以变得更亲密,比如与供应商达成合伙人关系,打通线下店铺和线上供应商合伙模式,利用线上预订、线下服务,实现资源共享。

4. 让客户成为合伙人

美业店还可以寻求客户的加入。比如可以推出APP,让客户进行自我美丽检测,收到自动推送的美丽解决方案,然后在APP上选择自己喜欢的手艺人为自己服务。当客户获得了优质服务之后,在APP上进行分享和转发,引客入店就会获得相关提成和分红。对客户来说,会获得相应报酬;对企业来说,不但获得了老客户的消费,还能源源不断地拓展新客户。

美业店利润的三个来源

从最初的暴利经营到消费理性，从渠道紧缺再到微利营销，很多美业店遇到了盈利的瓶颈和阻碍。越来越多美业店感到迷茫，找不到业绩增长的出口，对店铺如何创造利润感到困惑。

美业店老板应该明白一个道理：那就是除了市场变化之外，更多的应该从自身找原因，从内到外优化利润源头。美业店的利润往往来自于三方面：资源、劳动力和物流。只有弄明白这三个方面，才能让店铺利润得到最大优化。

4.2.1 资源：让一切社会资源为我所用

美业店的一个利润来源是资源。换句话说，就是我们要让一切社会资源为我所用，所谓"远交近攻、纵横天下"。但是，如何才能做到这一点呢？

1. 联络好常用的供货商

美业店往往都有一些固定的供货商，这些可以说是我们"手边"的资源。很多老板只有在进货时，才与这些供货商打交道，而且进货只是进货，拿完货就"形同陌路"。这样的做法显然不能给我们带来额外的利润。我们需要与这些供货商常联系。平常多交流，甚至把对方当成朋友一样对待，时间久了，这些供货商就会成为你的"近资源"。把"近资源"搞定之后，接下来你就会从他们身上得到一些"远资源"，比如新的产品信息、新的供货渠道、新的趋势等，这些很有可能帮助你降低成本或占得市场先机。

2. 搞好老客户，联系新客户

美业店对待老客户一定要像老朋友一样，把他"攻陷"和征服之后，老客户才会为你带来新客源。千万不要小看老客户的作用，他的一句话可能为你带来 5 个客户，也可能让你一下损失 10 个客户。

3. 互联网资源共享

我们已经多次强调，美业店老板一定要有互联网思维，可以开通自己的微信公众号或者 APP 客户端，然后实行共享制，吸引更多资源，这样不但为美业店创造了更丰富多彩的服务，还能为美业店带来额外的收益。

4.2.2 劳动力：把人才变为"人财"

人才就是利润。我们经常看到一些企业以百万年薪招聘人才，还有些在互相争夺人才。企业老板之所以会花大价钱聘请人才，说明他们明白在当今市场经济时代，人才的重要作用。

美业店老板在前期肯投入资金去聘请优秀人才，后期这些人才就会为店铺带来更多的利润。

美国微软公司为了抢夺人才，甚至把争夺战放在了中小学生身上，提前"预定"一些"天才儿童"。

美业店想要让人才变为"人财"，有两个方法（见图4-2）。

> 第一，从外部招聘优秀人才，为店铺打造知名度和专业技能

> 第二，打造内部培训系统，培养优秀人才

图 4-2　美业店把人才变为"人财"的方法

4.2.3 物流：一站式采购，将美业链条串联起来

美业店的利润来源之一是物流。美业店的产品供货、设备供货、服务外出等都涉及物流。那么，如何在物流方面获得利润呢？

随着互联网的发展，我们最重要的赚钱方式就是要借助互联网思维，打通线上、线下一站式物流链条，让美业店在进货渠道方面可以节省出更多的费用。同时，也为美业店省去很多不必要的中间环节。

有些美业店经营成熟之后，还会打造属于自己的特色化物流体系，这样不但能够为自己在物流上获得便利，还可以承接外部业务，这样一边开源、一边节流，自然能赚取更多利润。

4.3 搭建"傻瓜式"销售流程

所谓"傻瓜式"销售流程，就是指美业店在销售方面要流程化、专业化。当你的销售流程化之后，任何员工都能快速上手，快速获取客户。下面具体看一下如何搭建"傻瓜式"销售流程。

4.3.1 建立专业销售流程

只有建立专业的销售流程，才能让美业店从线索到成单再到赚钱的整个过程顺利实现。因此，我们必须要建立一个专业的流程。

悦己美业管理大学的销售流程如图4-3所示。

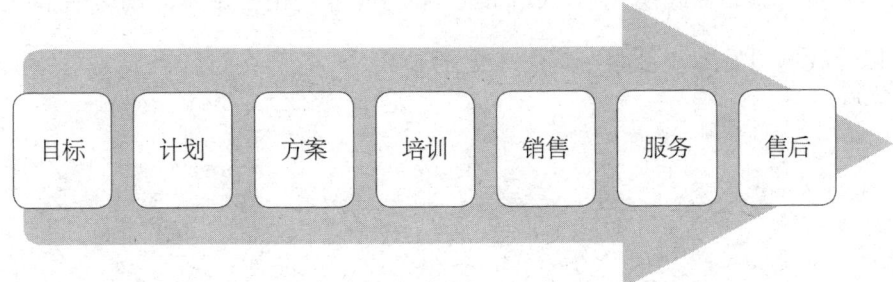

图4-3 悦己美业管理大学的销售流程

（1）目标：找到目标客户是一切销售行为的前提。

（2）计划：销售什么？你要有东西或者服务可以让客户喜欢。

（3）方案：你打算怎么销售？在这个环节中，你要根据目标客户和具体产品进行方案策划，拿出多个方案，然后根据不同客户的特点，筛选出最佳方案。

（4）培训：学习和请教。

（5）销售：确定方案，完成销售。这是最为关键的一步。在这个步骤中，你需要确定最适合的销售方案，通过电话销售、网络销售、实体销售等多种方式，拿下订单。

（6）服务：服务一定要专业，这样才能让客户有良好的体验，进而持续消费。

（7）售后：指导和跟踪，做好客户回访、随访等工作，为销售流程做一个完美的收尾。

4.3.2 专业的销售话术技巧

美业店的赚钱模式中，我们必须要有专业的销售话术。销售话术可以让我们更好地"征服"客户（见图4-4）。

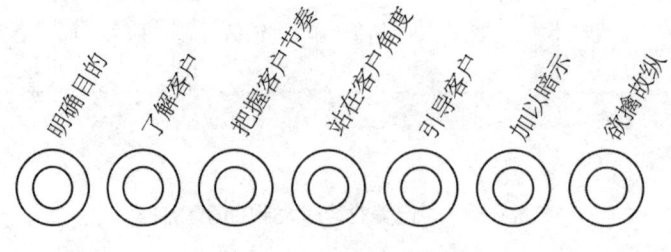

图4-4 销售话术流程

1. 明确目的

销售产品第一条就是要明确自己的目的，你卖给对方产品，就要知道你能帮助对方什么。无目的的营销会让客户很反感，因此要从核心目的出发。比如，你需要客户购买你店内的一款美容产品，这是你的目的，那么客户的目的是什么？他们的真实需求是什么？其实很简单，只要抱着对客户负责的心态去与客户聊天就好了，而不是一上来就给对方推荐这款产品。

2. 了解客户

了解对方的需求非常重要，尤其是自己的潜在客户。你需要了解客户的性格、爱好、需求以及消费习惯等。在这个过程中，如果你的态度很好，给对方亲切的感觉，就算对方不买你的产品，也会对你有个良好的印象，这对日后的推销有很大帮助。

3. 把握客户节奏

美业店的销售人员需要根据客户的反应来判断对方对产品是否感兴趣或者有无需求。此时，我们千万不能急于推销，而应该循序渐进，加以引导，使其对我们的产品先有个基本的了解，进而愿意体验一下，如果体验的结果是满意，就很可能会长期光顾店面了。

4. 站在客户角度

推销者不能一味站在自己的角度，这样会让对方感到很被动并且有压迫感，自然不愿意进店消费。我们需要换位思考，站在客户角度，了解对方当时的处境，或者他当时有什么样的想法。清楚对方的心中所想，再进行下一步的推销，一定会事半功倍。

5. 引导客户

引导客户的话术很多，比如转移法，告诉对方这款产品与其他品牌的区别之处、优势所在，逐渐地引导会让客户不知不觉对你的产品产生购买欲望。

6. 加以暗示

暗示和引导是很类似的环节，在销售话术中，要说正确的话，但不能过分诋毁同行竞争品。我们要找到客户纠结的地方，然后对症下药。

7. 欲擒故纵

很多客户天生优柔寡断，虽然对产品有兴趣，但却总是拖拖拉拉，迟迟不下决定。这时候，作为美业店的销售人员就应该故意做出"离开"的样子，或者不理会客户。这种假装停止销售的举动，往往会促使对方立刻做出购买决定。当然，这需要前面的铺垫工作做得足够到位。

美业店的销售话术并没有绝对的标准模板和答案，在不同的地区和情景中可以有不同的表现形式，但是我们可以根据上述七个技巧来组织和安排适合当时情境的话术。下面我们来看两个典型的销售话术案例。

» 案例 1

客户问："你们这个品牌做几年了？我怎么没听过啊？"
分析：

这是两个问题，第一个我们可以直接回答，第二个就不好回答了，而且你一旦回答了第二个问题，对方后面的询问，你很可能会招架不住。

应对话术：

你应该反问客户："您是什么时候注意到我们这个品牌的？"

如果客户没有听说过你的美业店，一般会回答："今天刚注意到。"此时，美业店销售人员就可以这样说："那太好了，您正好了解一下，我们的品牌都有……"

» 案例2

客户问："你们的产品质量会不会有问题？"

分析：

针对这个问题，有些美业店销售人员可能会直接回答："我们的产品质量不会有问题的，我们是大品牌……"然而，客户很可能会抛出下一句话："如果有问题怎么办？"这时候很多销售人员就不知道该怎么回应了。

应对话术：

美业店销售人员应该先问客户："女士，您以前买过质量不是很好的产品吗？"如果对方给出肯定回答，那么美业店销售人员可以继续主动询问对方："您买的是什么产品？"客户这时候就会开始诉苦："我买的是×××产品，质量特别差……"这时销售人员就可以与客户深聊下去，寻找契机引导消费。

如果客户回答"没有"怎么办？这时候美业店销售人员应该适时地夸赞一下客户，然后说自己的事情："女士，您真是太幸运了！我可是遇到过这样的情况。当时我买了一款……效果非常差……"此时一定要带上自己的情感，才会感染到客户。最后，销售人员继续说："所以，我现在特别注意产品质量问题。以前我不做产品时自己也是消费者，对产品质量也是要求很高的，这个产品我自己也在用，感觉效果特别好……"

当然，销售过程中还会遇到很多问题，我们这里不再一一赘述，如果想要了解完整的销售话术，可以关注悦己美业管理大学的美业培训课程。

4.4 会员制：实现永续经营目标

在流量越来越贵、获客成本越来越高的时代背景下，会员制已经成为美业店运营的一个重要关键词。会员制的形式将单次获客成本不断摊薄在后续的服务当中，同时也存在高留存的现象。付费会员制可以让美业店绑定老客户，更多地了解客户的消费属性和行为。因此，会员制可以让美业店实现永续性赚钱模式。

4.4.1 品牌声誉营销，用知名度打开缺口

当你的美业店有了品牌知名度之后，消费者就会对你的产品、服务产生信任，甚至会持续为你带来新客户。

那么，如何打造品牌声誉度呢？

1. 品牌联盟"傍大树"

很多美业店会为了增加销售、扩大影响或提升品牌形象而采用这种策略。这样做的好处是：第一，借助大品牌之力，打响自己的品牌知名度；第二，与同类美业店联盟，实现共赢。

2. 做好本土化

在当前产品同质化程度越来越高的情况下，实行本土化的品牌营销

策略不失为一种以守为攻的好办法。找准当地特色、把握好当地消费者心理需求，然后做专、做精，形成本土品牌。随后再着眼于全球市场来研究消费趋势，逐渐从渠道铺设、宣传推广到市场划分等各方面做大、做广市场。

3. 做好产品服务，用质量和服务打造品牌

品牌依靠的是口碑，口碑依靠的是企业产品的质量和服务。因此，美业店应该从内在品质出发，牢牢打好根基，根基稳固了，品牌效应自然会随之而来。

4. 依靠宣传推广

美业店可以借助互联网思维，加大网络营销力度，将自身的专业特点和优质服务与互联网结合，进行地毯式覆盖营销，进而快速打响品牌知名度。

4.4.2 打造会员导购式规则，主动出击赢得客户

悦己美业的会员制非常先进和完善，其中会员入会须知就如同导购规则一般，可以让客户清楚地了解悦己的会员模式，明白入会后应遵守哪些基本规定，以及相关注意事项等。

下面是悦己美业的会员入会须知：

悦己会员入会须知

欢迎您加入悦己减肥养生生活馆（以下简称悦己），成为悦己的会员！为了您在悦己做减肥、养生护理时享受到专业、优质、完善的服务，请您

认真阅读本入会须知，并期盼得到您更多的支持与配合。

成为悦己会员的客户均应接受本中心的有关入会办理手续，并表明已知晓本会馆会员权益手册中会员相关权益内容及有关美容、减肥养生服务的规则与警示，承诺遵守本中心的相关规定。

入会会员必须保证其在悦己会馆填写的本人资料真实、有效、全面，必要时须出示本人有效证件。作为会员本人资料的照片由悦己会馆提供免费拍摄。个人资料如有变动，须及时书面通知本中心。否则，由此引起的会员相关权益的损失，均由会员本人自行负责。

到悦己会馆享受美容、减肥养生服务须至少提前3小时预约，我们将安排专人为您服务，否则可能会增加您的等待时间或由其他人员为您服务。

进入悦己会馆时，请主动出示会员卡，经悦己会馆前台工作人员验证身份后，方可安排当值服务的美容师。

为了保障他人的健康与安全，患有接触性传染病的会员在未痊愈前请勿进行护理服务。

会员患有眼疾，请勿进行眼部护理。

会员身体有创面，请勿进行按摩护理。

会员在女性生理期间，请勿进行身体下焦部位项目的护理。

会员在进行药油类身体项目护理前，如摄入酒精类饮品或有身体不适症状，务必提前告知美容师，由咨询顾问视情况安排护理程序。

悦己会馆提供的各项护理项目均执行标准化操作流程，当值服务人员有告知会员的义务，请会员监督与配合。

会员在悦己会馆购买家居产品后，如在使用过程中出现不适反应，请立即停止使用并及时与咨询顾问取得联系，确定原因及解决方案。

会员如随身携带贵重物品或大量现金需要妥善保管，须在前台登记时填写《贵重物品保管单》，交由前台工作人员存于保险箱内，待离店时取回。否则如若丢失，悦己会馆不承担赔付责任。

为了节约水资源，会员在进行身体护理项目前进行冲淋时，请严格遵守时间规定，控制在15分钟之内，且不要在冲淋时洗涤衣物。

会员在悦己会馆接受服务过程中有任何不满意之处，均可直接向当值店长投诉，并有权对投诉处理结果提出要求（或向总部直接投诉）。

会员办理入会手续后，不得随时退出。如有特殊原因，会员必须提前一个月申请会员退出手续，经悦己会馆审核后方可办理退出手续。但在本中心消费所有项目及产品、会员赠送活动都将按原价计算，不能享受会员待遇。

会员卡费余额不足卡值10%时应及时补充会费，余额低于卡值10%不及时补充时，视为自动放弃会员资格，将不能再继续享受会员权益，取消消费累计待遇。

会员入会交纳会费398元，可获得本中心十大经典项目。另充值3000元，即成为悦己会馆标准级会员，可享受会员相关待遇。

成为悦己会馆会员，可享受会员消费累计折扣优惠待遇（三个月内累计消费达到一定额度，可享受相应的会员优惠待遇），超过三个月时，按标准级会员待遇享受。

注：以上内容请会员仔细阅读后签字认可（本中心保留最终解释权及更改权）。

会员签字：

日期：　　年　　月　　日

4.4.3 推新项目，满足客户的多样化需求

想要实现永续经营，美业店必须要跟随潮流，随着市场及消费者需求的变化，不断推出新项目。满足客户多样化的需求，才能在更大程度上拓展客户，实现持续盈利。那么，如何判断一个新项目能否盈利呢？

判断一个项目是不是赚钱的好项目其实并不难，只要把握以下几个关键点就可以了。

1. 产品是不是好卖

美业店只有把产品或者服务卖出去，才能把钱收回来。如果产品不好卖，那么你就算投入再多，也赚不到钱。那么，如何判断一种产品好不好卖呢？最直接的方法就是试用。可以先少量购进，为进店客户提供免费试用，获得客户的直接反馈后再决定是否大批购进。如果市场上已有类似产品在销售，也可以侧面了解一下客户对该类产品的反馈或是自己亲身体验一次。不管用何种方法，引进新产品都需要慎重，要做足功课再下决定。

2. 是不是有市场空间

假如一种产品或者一个项目已经有很多美业店在做了，这说明这个项目对本店来说市场空间并不大，因此最好不要插手。当然，有一种情况除外，那就是这个新项目非常火爆，开一家火一家，这样的新项目，必须要及时抓住。

3. 利润空间足不足

如果新产品的利润空间不够大，毛利太薄，很难赚到钱，就不值得

推广了。

4. 趋势特征是不是明显

推出新产品时，必须要把握市场趋势，追赶潮流，但是也要踩好步点：赶早了，钱不好赚，开发市场成本太高；赶晚了，钱可能早被别人赚走了。因此，要及时分析市场，做好数据把关。

5. 业务模式是不是完善

赚钱要靠专业的系统和模式。推出一个新项目时，不能依靠个人的盲目打拼，一定要团队协作，缔造一个专业的业务模式。

6. 品牌知名度有多高，影响力有多大

美业店推出新的项目或者产品一定要懂得借势，要选择那些有潜力的品牌。这就需要老板具有敏锐的眼光和独到的市场嗅觉。

7. 培训是不是到位

要把选择的新项目开展好，获得利润，首先就要全面了解这个项目，更重要的是要做好专业的培训和支持，让店内的每一个销售人员都对这个项目了如指掌，这样他们才能在推销时更有信心，也才能更精准地锁定客户，拿下订单。

4.5 抓住市场趋势，找到市场缺口做销售

美业店，尤其是处于初创阶段的店面，一定要看清市场趋势。随着互联网的发展，美业市场信息越来越透明化，利润空间越来越小；消费者的消费越来越理性，美业服务更是呈现出百家争鸣的状态；美业人员工资成本不断上涨，导致经营成本增加，美业店的经营压力越来越大。面对这些残酷的现状，美业店应该如何去赚钱呢？

首先，美业店要找到市场的缺口。从以下两方面，我们可以发现缺口（见图4-5）。

> **从消费者方面寻找缺口：**
> 抓住消费者的痛点，了解他们消费需求及偏好的变化

> **从大数据方面寻找缺口：**
> 及时关注行业信息，参加各种美业大会，关注国际美业趋势

图4-5 美业店应从两方面寻找市场缺口

医美项目和光电仪器是当前美业行业最大的趋势，也是利润空间最大的缺口。

比如，上海永琪美业在这方面就做得很好。永琪美业在上海的口碑非常好，而且有多家连锁店，尽管如此，永琪美业还是会不断跟随市场发展做出更好的赚钱方案。永琪美业发现消费者喜欢天然、效果好的美容项目，而医美、光电这类项目正好能提供可以量化并且显著的美容效果，况且这类项目也是未来发展的大趋势，于是，永琪美业及时抓住了这个市场缺口。

说到这里，可能有很多美业从业者会问，永琪美业并不是医美机构，如何做医美项目？这也是大多数美业店的疑问。

永琪美业认为，不需要所有美业店都转化为整形医院，但是可以与这些正规机构合作，这是引进医美项目的最佳途径和方式。随着整形医院越来越多，它们也需要大量美业店去输送客户。因此，永琪美业与上海的多家大型正规的整形医院开展了合作。通过合作，彼此都获得了收益。

此外，随着全民医美时代的到来，传统的美容项目已经难以满足美业客户的需求。客户需要规范的、安全的、系统化的、专业的美业方案。美业店还可以从定制方式出发，抓住这个"美业定制"缺口。

2013年，中国医师协会皮肤科医师分会对近4万网民展开了"国人皮肤状况大型网络调查"，结果显示：只有14.2%的人拥有健康的皮肤，72.08%的人皮肤处于亚健康状态，13.72%的人有明显的皮肤病。显然，皮肤管理应该引起美容护肤行业的重视。美业店必须要认清形势，及时赶上。比如，打造"皮肤管理"项目，对客户的皮肤进行系统的调理与修复。

皮肤管理，从专业角度来看，是专门针对表皮肌肤护理的美容业务。从业人员也被称为皮肤管理师（Skin manager）。皮肤管理师是介于皮肤科医生和生活美容师之间的一个角色。他们精于各类皮肤诊疗技巧，如对敏感性肌肤的护理方法、对痘痘类肌肤的护理方法、对痤疮性肌肤的护理方法、对干性肌肤的护理方法、对油性肌肤的护理方法，以及各类问题性皮肤抗衰老的方法，等等。皮肤管理师还懂得运用各种光电仪器，能针对需求性皮肤，将手法、仪器、产品结合起来制定专业的皮肤管理方案。因此，皮肤管理师很好地填补了医学美容的空白。在未来，美业店想要获得更大的利润空间，需要瞄准皮肤管理这块市场空缺业务。

4.6 零资金开店的"融资之道"

美业店想要获得更多的资金，还可以走融资这条路。为了扩大美业店规模、获得更多收入，很多美业店往往会选择融资。股权融资是指企业的股东愿意出让部分企业所有权，引进新股东获得资金的融资方式。通过股权融资获得的资金，企业无须还本付息，但是，对于企业的盈利与增长，新股东享有与老股东同样的权利。股权融资的特性决定了其广泛的用途，既可充实企业的营运资金，又可以用于企业的投资活动。

4.6.1 为什么那么多人投资美业店

美业创业者如果没有太多资金，可以依靠融资的方式来获取资金。有些人觉得寻找投资人不是一件容易的事情。但如果我们仔细分析一下就会知道，有很多人会争先恐后地投资美业店，那么问题来了，为什么有那么多人愿意投资美业店呢？

1. 市场方面

随着社会经济发展水平的提高，消费者对美的追求在不断地提高，单从这一点来看，就不得不承认美容产业是一个值得创业的方向，而且当下的美容技术非常全面，美容经济也逐渐成形，美容行业可谓前途无量。

2. 消费者方面

消费者越来越注重美容，自我形象塑造让更多人开始接触美业，不仅是女性消费人群，男性消费人群也在逐渐增多，而且人们在美业方面的创业意识也在不断增强。

3. 数据方面

随着全球化妆品产业、整形美容产业的快速发展，全球美容市场规模从 2008 年的 3740 亿欧元增长至 2014 年的 4440 亿欧元。截至 2014 年，我国的美容机构市场容量已达到 5350 亿元。美容经济平均以每年 15% 的速度增长，远远超过了 GDP 的增长率。高额利润、庞大市场和难以计数的美容新产品、高科技护理仪器、高科技瘦身设备等的问世，也为美容行业带来了巨大的商机。《中国美容经济年度报告》甚至提出，在中国，美容经济正在成为继房地产、汽车、电子通信、旅游之后的中国居民"第五大消费热点"。

4. 美业自身发展方面

在美容行业，分类也越来越多，不再是以前单一的美容美发，现在还包括美甲、头疗、SPA、减肥、塑身、整形等新业务。这些新业务不断吸引着大量消费者大胆尝试。以瘦身美容为主的项目更是成为当下最热门的发展方向。因此，美容经济值得去挖掘。而且现在的美容专业机构多，加盟模式已经非常成熟，创业者所担承的风险也就很小了。

通过以上分析，我们可以看出，中国的美业行业可谓前途无限。因此，只要你有周密而详细的商业计划和高效的执行力，就可以吸引更多的投资者。

4.6.2 融资计划书

美业店想要获得融资进行大规模开店，首先要学会写融资计划书。融资计划书中应涉及投资决策者所关心的全部内容，具体包括企业的商业模式、产品和服务模式、市场分析、融资需求、运作计划、竞争分析、财务分析、风险分析等。

通俗来讲，融资计划书其实就是一份可以说服投资者为你的店铺投资的证明书。

下面我们来看一份医美项目融资商业计划书目录，大致了解一下融资计划书应包括哪些内容。

【医疗美容项目融资商业计划书目录】

第1章 行业发展综述以及公司介绍

1.1 公司的宗旨

1.2 公司简介

1.3 各部门职能和经营目标

1.4 公司管理

1.4.1 董事会

1.4.2 经营团队

1.4.3 外部支持

第2章 技术与产品

2.1 技术描述及技术持有

2.2 产品状况

2.2.1 主要产品目录

2.2.2 产品特性

2.2.3 正在开发产品简介

2.2.4 研发计划表

2.2.5 知识产权策略

2.2.6 无形资产

2.3 产品生产

2.3.1 资源及原材料供应

2.3.2 现有生产条件和生产能力

2.3.3 原有主要设备及需添置设备

2.3.4 产品标准、质检和生产成本控制

2.3.5 包装与储运

第3章 市场分析

3.1 市场规模、市场结构与划分

3.2 目标市场的设定

3.3 产品消费群体、消费方式、消费习惯及影响市场的主要因素分析

3.4 目前公司产品市场状况,产品所处市场发展阶段(空白/新开发/高成长/成熟/饱和)、产品排名及品牌状况

3.5 市场趋势预测

3.6 美业行业政策

第4章 竞争分析

4.1 有无行业垄断

4.2 从市场细分看竞争者市场份额

4.3 主要竞争对手情况：公司实力、产品情况

4.4 潜在竞争对手情况和市场分析

4.5 公司产品竞争优势

第5章 市场营销

5.1 营销计划概述

5.2 销售政策的制定

5.3 销售渠道、方式、行销环节和售后服务

5.4 主要业务关系

5.5 销售队伍情况及销售福利分配政策

5.6 促销

5.6.1 主要促销方式

5.6.2 广告／公关策略、媒体评估

5.7 产品价格方案

5.7.1 定价依据和价格结构

5.7.2 影响价格变化的因素和对策

5.8 销售资料统计和销售记录方式、销售周期的计算

5.9 市场开发规划、销售目标

第6章　投资说明

6.1 资金需求说明

6.2 资金使用计划及进度

6.3 投资形式

6.4 资本结构

6.5 回报/偿还计划

6.6 资本原负债结构说明

6.7 投资抵押

6.8 投资担保

6.9 投资后股权结构

6.10 投资者介入公司管理之程度说明

第7章　投资报酬与退出

7.1 股票上市

7.2 股权转让

7.3 股权回购

7.4 股利

第8章　风险分析

8.1 资源风险

8.2 市场不确定性风险

8.3 研发风险

8.4 生产不确定性风险

8.5 成本控制风险

8.6 竞争风险

8.7 政策风险

8.8 财务风险

8.9 管理风险

8.10 破产风险

第9章 管理

9.1 公司组织结构

9.2 管理制度及劳动合同

9.3 人事计划

9.4 薪资、福利方案

9.5 股权分配和认股计划

第10章 财务分析

10.1 财务分析说明

10.2 财务数据预测

10.2.1 销售收入明细表

10.2.2 成本费用明细表

10.2.3 薪金水平明细表

10.2.4 固定资产明细表

10.2.5 资产负债表

10.2.6 利润及利润分配明细表

10.2.7 现金流量表

10.2.8 财务指标分析

4.7 打造核心竞争力

很多美业店老板经常被一些问题困扰。比如：为什么同样的项目同样的产品，别家卖得好，自己的店铺却不行？为什么在同一个地区，美业店的规模差不多，却有着不同的命运？为什么其他的店铺熟客率很高，而自己的店铺却很冷清，拓展客户非常困难？

有些美业店老板会觉得是因为自己的运气不好，事实上，这是因为你的美业店核心竞争力不足。

1. 了解美业店的核心竞争力

我们要从五个方面来了解美业店的核心竞争力（见图4-6）。

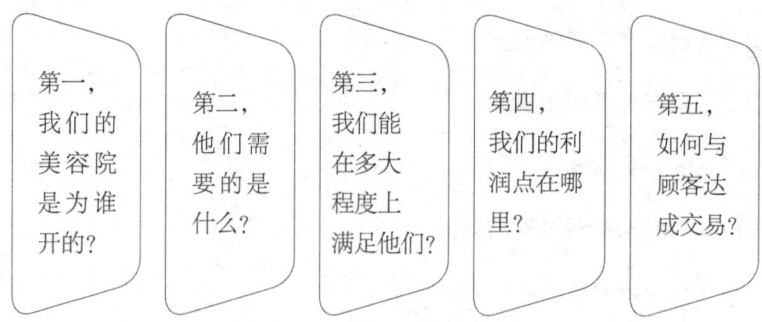

图4-6　美业店的核心竞争力

美业店的核心竞争力就是美业店的生命线，是美业店运营和发展的动力源。因此，务必要从这五个方面来关注自己店铺的竞争力，一旦出现拓展客户不足、生意惨淡的现象，就要从这五个方面寻找原因。

2. 核心竞争力的组成部分

一个美容院是否成功不能从单一角度去看，需要从外部硬件和内部软件两个方面来说。外部硬件包括：美容院的选址、创办、装修布置、选择产品、技术引进等。内部软件包括：不同阶段的经营管理手段。

核心竞争力越强，你的店铺发展也就越快，利润也就越多。如果你的美业店只是有优势，但这种优势没有带来丰厚回报，那么这种优势就不能称为核心竞争力。比如：以很低的价格提供优质的产品和服务，这确实是一种优势，但如果你的价格不能保证你的利润，甚至亏本，这就不能称为核心竞争力。如果你以一个合适的价格，提供别人不能提供的技术和服务，这就构成了核心竞争力。

3. 如何打造美业店的核心竞争力

打造一家美业店的核心竞争力，首先，要从美业店的选址开始。其次，是产品和服务的技术含量。技术含量不一定越高越好，但在与同类价格的产品进行比较时，一定要有较高的技术含量，否则你的产品在市场中就不具有竞争力。再次，核心竞争力取决于经营管理者调动资源的能力和方法。最后，核心竞争力还要有品牌的支撑。

下面从市场发展角度来谈如何打造美业店的核心竞争力。

（1）加大高科技设备投入，打造技术竞争力。

美业店要注重高科技的投入。随着人们生活水平的提高，高科技的仪器也成为体现核心竞争力的一个重要因素。对美业店来说，高科技仪器智能化的操作，既不需要像美容院那样，在仪器操作方面花费过多的费用去培训美容师，也能最大限度地减少员工跳槽后可能导致的技术流失。即便员工跳槽，美业店在技术上的优势也不会因此而丧失。

加大高科技投入，会让客户体验得到很大提升，比如传统的纤体、美白、淡斑等护理项目，单纯使用产品已经无法使消费者感到满足，如果借助日韩或者欧美的高科技仪器，护理效果会更好。这样，客户就会更愿意光顾，客流量增加了，利润自然会随之增长。

（2）美业的项目实效性。

到美业店消费的客户最关心的是花钱之后会不会获得满意的效果。这也是美业店能否留住客户的关键。美业店所选择的项目要有确定的效果，而且这种效果最好能让客户切实感受到，实际的效果远远胜过口头宣传。所以说，项目的实效性是美业店的生命。美业店在选择项目时应注重项目的实效性，多设计一些效果直观、明显的美容项目，这样更能提升店铺的核心竞争力。

（3）注重品牌效应。

选择知名产品和设备无疑是提升竞争力的明智之举。从客户的角度来讲，她们更容易接受知名品牌的东西，因为知名品牌具有良好的信誉和口碑，并且有质量保证。客户一旦认可这个品牌，很可能会带动周围的人前来体验，这就是品牌效应形成的庞大消费网络。所以，美业店想要获得竞争力，必须要与知名品牌合作，同时也要从技术、服务上打造自己的特色。

（4）触电互联网，形成核心竞争力。

当下美容行业的巨大发展潜力也加剧了市场的激烈竞争，面对优胜劣汰、适者生存的残酷竞争现状，美业店想要继续生存、发展下去，必须要充分利用互联网，形成智能化的操作和服务，让客户的体验更加别具一格。比如，欧泉美业就定制完美O2O模式，突破传统模式，将线下的美容院客户和互联网紧密地结合在一起，互联网成为线下交易的前台，提供最极致的一站式自助服务，最大限度地考虑到客户需求，给予客户多样化、自由化的选择权，让每一位客户在消费过程中都拥有独特的体验。

美业店必须要结合市场形势发挥自身特色，同时还要及时与移动互联网接轨，更关键的是要在服务和技术上更加专注，在给客户带去实效的同时也提供独具特色的体验，这样才能保持长久的竞争力。

第五章
产品智慧:产品永远是最好的赚钱工具

做好了产品,就等于做好了口碑,做好了服务,就等于做好了赚钱渠道。在产品智慧中,美业店老板需要首先搞清楚产品定位,然后推出有自己特色的项目组合,选择合适的进货渠道并严格把关,做好货品陈列,打造货品管理体系,把服务做精。这些都与产品息息相关,美业店老板要时刻把产品放在第一位。

5.1 定位：先搞清楚美业店最需要什么"货"

假如你想要做一个美容 SPA，首先你会想到哪家店？很显然，在你脑海中第一时间跳出来的，一定是你觉得最好的。无论你选择哪家店，有一点是很肯定的，那就是这家店一定是有"品牌效应"的。

你为什么会想到这家店？因为在你的印象中，这家店产品好、服务好，或者是你的朋友跟你推荐过，也或者你曾听别人说过，总之，这家店有一定的名气。

产品好，就可以给消费者留下好印象，让他们在需要时第一时间想到你。这就是产品为美业店带来的品牌力量。

基于这一点，作为美业店老板，想要让美业店获得"品牌效应"，必须先做好产品。而做好产品首先要精准定位，搞清楚美业店最需要的是什么"货"。

5.1.1 店铺定位：你的店铺是什么等级

店铺定位，是一个美业店做好产品的前提。那么，该怎么给自己的店铺定位呢？作为专业的美业店，要先明白自己的店铺是什么等级。这一点很好理解。比如，你的店铺在三线以下小城市的繁华地带，应该进什么样的货物？如果是在位置偏僻的街道上，应该如何定位？如果是在一线大城市的繁华地带，又该如何定位？

此外，除了要结合店铺所在地点进行定位之外，我们还应该从自身实力方面进行考虑。换句话说，你的店铺最擅长的是什么项目？

美业店的项目有很多种，洗、剪、吹、烫等美发造型，还有美甲、护肤、修眉等美容服务。通常情况下，高端的美业店还会有减肥、塑身、微整形等服务。普通的美业店铺主要是美容美发，再小一些规模和等级的店铺，往往只是美发项目。

了解了这些项目之后，你还必须要从这些项目中找到一个自己最有优势的项目，这也是店铺定位中最关键的一部分。在这一点上，你要考虑到自己开店的投入、核心人才的胜任能力等多个方面。

在这里，我们要特别说一下风格定位。比如，美发店可以基于经营的主项目来定位，店铺的整体装修风格、服务人员的外在形象都要与之匹配，实现一种表里如一的风格特色，使客户在享受服务的过程中获得超出预期的舒适体验。

此外，美业店还要突出自己的特色。比如，你的美业店走的是时尚高端路线，那么就要现代感和节奏感强一些，让客户一进入店铺就感觉到时尚气息。如果你的店铺走的是轻奢复古路线，那么无论从外在还是内在，都要打造浓浓的复古风，让客户一目了然。

5.1.2 客户定位：了解客户的消费属性

无论你开的是美容店还是美发店，都必须要对客户进行定位，换句话说，就是要搞清楚谁才是你的客户。

下面介绍一下客户定位的几种简单方式。

1. 年龄筛选

通常情况下，可以把客户分为年轻人和中年人。一般来讲，年轻人多为 80 后、90 后乃至 95 后，而中年人群体则多是 60 后、70 后。

要仔细观察进店消费的顾客大多是哪个年龄段的。锁定年龄段之后，就可以深入了解他们的生活状态，观察他们喜欢什么、不喜欢什么，了解他们的消费习惯，对这些方面的综合分析可以帮助你了解消费者的真实需求，进而有针对性地选择合适的产品。

此外，还可以从职业、喜好、性格等方面对客户进行划分。

2. 关键词筛选

假如问你，一个 SPA 的目标客户是谁？你可能只是会说：爱美的女士。但你可曾想过，所有爱美的女士都会来你这里做 SPA 吗？很显然，不会。

我们举个例子，假如是一群辣妈，那么你的店铺内的产品诉求一定要符合时尚辣妈的核心需求。我们如何知道对方的核心需求呢？这时候就需要关键词筛选来帮忙。可以通过一些时尚辣妈常去的社区网站、贴吧、微信群、微博话题来寻找。

我们需要在"辣妈"前面加入"时尚""美容""健康"等关键词，就可以找到辣妈这个客户群潜在的诉求和消费价值观。

下面来看一下什么是关键特征形容词？这个形容词必须要符合 6 个条件（见图 5-1）。

```
┌─────────────┐  ┌─────────────┐  ┌─────────────┐
│ 体现客户的  │  │ 说明客户的  │  │ 可以指向特定│
│   类别      │  │    属性     │  │   的人群    │
└─────────────┘  └─────────────┘  └─────────────┘

┌─────────────┐  ┌─────────────┐  ┌─────────────────┐
│ 体现客户的  │  │ 体现客户的  │  │ 体现客户的消费习│
│  生活习惯   │  │  行为特征   │  │ 惯、特定需求    │
└─────────────┘  └─────────────┘  └─────────────────┘
```

图 5-1 关键特征形容词必须符合的六个条件

关键特征形容词可以帮助你锁定某种特征或属性的群体，特别是当你对目标客户定位比较模糊时，你可以考虑在目标客户前面加入一个关键词。我们有一个句式，希望能够帮助你解决客户定位问题：

你的客户是一群 _____、_____、_____ 的人。

在下划线空格中，你可以填写多个关键特征形容词。每一个关键特征形容词都能指引你找到潜在的目标客户。

5.1.3 市场定位：当下美业店货品走向

在定位方面，市场定位也是非常重要的一个环节。众所周知，互联网时代的实体店尤其不好做，想要做好，必须紧跟市场潮流，做出科学合理的市场定位。要进行市场定位，我们需要知道当下美业店的发展趋势，只有知道了市场走向，才会知道该进什么货才能"讨好"客户。

1. 美业店进货一定要有前瞻性

对于引领市场潮流的美业店而言，老板一定要有市场前瞻性。

有一位美业店老板，通过在医院工作的朋友得知，研制女性防皱产品是一个良好的时机。于是这位老板经过考察论证，果断地从日本、韩国进了一批货，同时，在店内开设了防皱护肤相关服务，并且在宣传方面下了很大功夫。

这类产品大多是天然成分，没有副作用，女性客户非常容易接受。很快，这位老板就看到了实效：越来越多的女性顾客进店体验，而且常客越来越多。这家美业店在当地的名气也越来越大。因为当时美业市场上很少有店铺能提供这种"防皱"服务，所以这位老板占得先机，获得了丰厚的利润。因此，做美业店，在进货方面，必须要具有市场前瞻性，正所谓"要做就做第一个吃螃蟹的人"。

2. 做市场追随者

做不了市场的引领者，也可以考虑做市场的追随者。对于市场追随型的美业店而言，可以考虑在局部市场谋求深度开发，没必要一定在经营主张上追求突破。做市场追随者的美业店通常会稳扎稳打，将店铺经营得很好。这种方式适合大多数美业店。

3. 做市场补缺者

不做市场追随者，还可以做市场补缺者。对于市场补缺型的美业店，一定的冒险精神自然是要有的，换句话说，就是要会钻市场的空子。美业店老板一定要注意对所选择市场的价值进行谨慎评估，在某些情况下，还要考虑自身的持续投资能力与市场进入成本。这种方式需要美业店具备相当雄厚的实力以及相当丰富的经验，那些新型美业店或者小型美业店，不建议采用这种方式。

5.2 项目组合：给客户一个零瑕疵的产品推荐

在产品经营中，美业店必须要拿出专业而有特色的产品。这个产品当然不是门店自己生产的产品，而是通过一定渠道采购来的产品，以及店内推出的服务。随着人们生活水平的提高和时代的发展，消费者的消费水平也发生了变化，在门店消费的需求也越来越高。为了能够留住客户，让他们持续消费，美业店必须要想办法让客户眼前一亮。项目组合的方式就是不错的选择。通常的做法是在门店推出一个好的项目组合，其中有一项或几项特别能打动人心，这样，客户会很容易就做出消费决策。

5.2.1 有好项目才能选择好货

美业店老板首先要推出一个好项目，然后根据这个项目去选择合适的产品，进而吸引客户在你的门店进行消费。

想要找到好的项目，需要进行充分的市场调研和考察。做美业店这行，最重要的就是时刻保持对市场的高度敏锐。只有这样，你才能知道当前市场上流行什么、不流行什么。

比如，一家美业店发现了"脸部排毒"的好项目，希望可以通过该项目来打造素颜美白的效果。这个项目很吸引人，根据市场调查，大多数女性对化妆十分头疼，认为化妆不但会花费大量时间，而且会产生高昂的消费。此外，化了妆并不能起到排毒的效果。

于是，这家美业店就想引进这个脸部排毒的项目。这家店的老板通过各种渠道，了解到这个项目有利可图，而且十分可行，所以从日本、韩国引进脸部排毒的项目，专业打造素颜美白。

这个项目的原理是通过皮肤的新陈代谢来彻底把脸部基底层内所有的色素、炎症排出去，让脸部皮肤恢复美白和透亮。此外，还可以淡化黑眼圈、皱纹等。为了这个项目，这家美业店做了大量试验，选择了很多产品进行效果对比，最终选择两款低投资高效能的产品。

在美业店经营中，你必须要先拿出一个好的项目规划和具体思路，然后做大量的市场调研，再确定项目，选择货品。这样才能让客户在进店消费时，体验到不同于其他店的有特色的服务。

5.2.2 时效+时尚+价廉

美业店在选择项目时，一定要遵循三个特点：时效、时尚、价廉。

1.时效

这个项目组合必须要有效果。对客户而言，进入门店高额消费，目的就是能够取得效果。比如，理一个漂亮的发型、减掉5公斤肉、祛斑、美白护肤……所以，美业店在项目组合的安排上一定要把时效放在最重要的位置。

同时，我们还需要考察时效的时间值。如果你的产品时效周期很长，比如客户使用之后需要半年甚至一年才能见到效果，自然是不行的。你的项目必须要在短时间内为客户带去比较明显的变化。这涉及你进货的产品质量和实验效果，需要美业店老板详细考察。

2. 时尚

美业店还应该注重时尚。你的项目组合必须要符合时尚的要求。这需要美业店的相关人员对服装界、美妆界有很好的了解和把握。多看一些时尚发布会、美妆盛典，了解时尚趋势，条件允许的情况下，还应该多去法国、意大利、日本、韩国等时尚指数较高的国家去考察和采风，在第一时间把握时尚流行趋势。只有这样，才能推出更加时尚的项目，不断吸引客户的关注。

3. 价廉

项目组合中还需要注意一点，那就是价廉。在前面我们说了，美业店在进行产品营销时，需要进行定位，包括对店铺等级的定位。无论你的店铺定位如何高端，都不能以"天价"来吓退客户。无论是高端还是中低端的美业店，都应该在项目组合中，照顾到大众消费者的口味，定价时以物美价廉为标准，至少要在与其他店的同类服务对比中具备一定的价格优势，才能更好地吸引更多客户。

了解了以上三个特点之后，在项目营销中，美业店就需要紧紧围绕这三点来进行，推出"时效＋时尚＋价廉"的组合方式，吸引客户青睐。

5.2.3 差异化思维，推出个性不同的产品组合

美业店在项目组合中，还需要走差异化路线。在互联网当道的今天，如果你的产品无法满足客户需求，就会被淘汰。可市场那么大，同类店铺那么多，营销手段那么强，你如何才能脱颖而出呢？唯有走差异化的产品组合之路。

差异化思维，需要美业店凭借自身的技术优势和管理优势，推出在性能、质量上优于美业市场现有水平的产品，或是在销售方面通过有特色的宣传活动、灵活的推销手段、周到的售后服务，在门店消费者心目中树立起不同于其他店的良好形象。

真正的差异化思维，必须建立在门店了解自己的产品特性、流通渠道、功效技术、推广资源等信息的基础上。要集中优势资源，避开主流方式，以独辟蹊径的方式制造产品概念或者销售通路，以达到出奇制胜的效果。

在互联网思维下，美业店必须要推出个性不同的产品组合来打开市场，获得更多的客户群体。比如，有这样一家美业店，当所有美业店都在推出"美白""祛斑"产品时，它却推出了"皮肤管理课"组合，让客户在做护肤的同时，倾听皮肤专家讲课，客户可以一边"闭目养神"，一边获取护肤常识和技巧。这种差异化的特色组合很快在市场上占据了一席之地。

5.3 严格把关进货渠道

任何一家美业店，都需要有严密的进货渠道。美业店给客户使用的任何一种产品，都需要采购人员进行采购。但究竟选择哪家供货商，其中就有大学问了。在产品运营思维中，进货渠道的严谨程度直接决定着这家店的产品质量。

进货渠道选得好，对美业店来说，既方便采购产品，又能保证质量，一举多得。如果进货渠道选得不好，不仅会带来产品质量问题，还可能给店铺带来负面影响。因此，美业店必须要严格把关进货渠道。

5.3.1 货比三家，选择质量可靠的供货商

很多人可能不知道，美业产品分为日化线和专业线。

1. 日化线

日化线产品指的是商场、品牌专卖店、超市里的产品。日化线的产品主要依靠广告推动，大多数日化线产品销售都集中在超市、卖场，因此覆盖面非常广，而从事日化线的人员也主要以销售为主。由于日化线产品从品质上来讲大同小异，消费者在选择时，往往会受到商家

营销策略的影响，所以价格是影响消费者选择的重要因素。

此外，日化线的产品为能满足更广泛的消费者，总是尽可能地让产品适合更多类型的皮肤，这是一个优势，但也是其劣势，因为如此，日化线产品也就失去了专业性和针对性。

2. 专业线

专业线产品主要集中在美容院及高端护肤定位的美业店内销售，在定价上也往往较高。专业线产品不需要推广，而是在店内由美容专家推荐给客户试用进而促成消费。所以，美业店对专业线产品的功能性要求十分严格。

与日化线产品不同的是，专业线产品主要突出的是产品的性能，而且这种性能一定是对消费者有很明显效果的。对美业店来说，采购这类货品时，需要一部分有经验的技术人员对产品质量进行把关。

了解了这两种美业产品的特点，美业店就很清楚自己的进货定位了。我们需要将目标集中在专业线美容产品上。在进货时，要尽可能地货比三家，选择质量最可靠的供货商。必须要注意的是，这个环节一定要有专业的美容顾问直接参与，如此一来，美业店才能选择更专业的美业产品渠道商。

5.3.2 首选信誉度较高的产品

美业店在进货时，难免会遇到很多供货商，甚至有些供货商上门推销。但是，如何选择实惠又高效的产品呢？我们有一个法则，那就是看信誉度。比如欧莱雅这款来自法国的护发产品，几乎是每个美业店都必进的产品。为什么？因为欧莱雅多年的知名度和信誉已经为它打开了美业店供货渠道的大门，一提起欧莱雅，美业店无不称赞有加。

美业店在进货时，千万不能因为"低价"而被冲昏头脑，将没有知名度的产品引入店内。因为这样做风险非常大，不但可能让店铺声誉扫地，还可能会失去批量客户。

5.3.3 别忘记考察供货商

很多美业店在进货时，往往不注重考察供货商，进的货很容易发生问题，这源于以下几点：

1. 不做分析盲目进货

很多美业店的老板决定进货了，就想一下子进大量的货物，这样可以享受到一定的折扣进而降低进货成本。但他们常常会因为赶时间或是要处理的事情太多而忽视了对供货商的分析和考察，在没有进行周密规划的情况下盲目行动。

进货之前，一定不能盲目，要通过各种方式和渠道对供货商进行充分的了解、分析和考察。起码要知道以下几点：供货商总厂在哪里？主要是什么风格？口碑怎么样？价位如何？自己的店铺与供货商的理念是否相同？

2. 不看市场就闷头进货

很多刚开始做美业店的老板去产品市场进货时，只选择自己喜欢的产品，而对自己的店铺和整个市场没有清晰的认识，结果买回去的产品不但销不动，还令客户不满意，实乃得不偿失。

美业店，尤其处于初创期的规模较小的店面，在进货时，应先从供货商那里少量采购，然后看市场的反应，销量好再多补充，销量不好就下架或者尽快处理。

那么在考察供货商时，美业店需要注意哪些细节呢？

第一，充分了解货源厂家的理念、实力、经营状况等，并且要将这些信息与自己的美业店结合起来进行分析，匹配度达到一定程度方能考虑合作；

第二，考察供货商的产品质量是否稳定；

第三，考察供货商的产品款式更新节奏是否适宜；

第四，考察产品价格，最好选择符合自己店面定位的性价比较高的产品；

第五，考察供货商的发货速度；

第六，了解供货商是否有完善的退换货制度。

5.4 货品陈列：**快速拿下客户的视觉**

根据美国一家数据公司的统计，一名消费者在一家超市平均会停留 15 分钟（超级大卖场除外），而在一个商品区域前平均会停留 15 秒。在这其中，有超过 75% 的消费者会在 5 秒之内作出购买决策；接近 40% 的人在展柜上看不到要买的商品会转而购买其他商品。可见，除了商品质量及企业的营销手段外，陈列情况直接影响着商品销量及展示效果。

在美业店，这个道理同样适用。美业终端形象识别系统设计专家王学明老师认为，在当下，美业店想要发展得好，必须注重视觉陈列效果。

我们可以追溯一下美业店的发展历史：在 20 世纪 80 年代，一家美业店只要有进口产品，就有一席之地，甚至不可动摇；20 世纪 90 年代中期，美业界掀起了一阵技术潮，拼的是美业技术；2000 年之后，美业行业进入创新时代，美业店也发生了很多变化，尤其是消费者的变化。消费者对美业店越来越挑剔，同行竞争更是越来越激烈。美业店老板想要把自己的美业店做大，就要在紧跟潮流的同时，做出差异化，做到有较高辨识度。这个辨识度就来自于你的店铺辨识度和独特性，那就务必在视觉陈列上展现出独特之处。

5.4.1 主题陈列：用故事打动人心

主题陈列是一种独特的陈列方式，在展示产品时，你可以用陈列的方式，赋予产品一个故事主题。打个比方，如果你的美业店针对的是年轻女性，那么你可以在橱窗里设立一个"洛丽塔"的可爱造型，张贴一些海报，再用玩偶来装饰，当然最重要的是产品，将本店主打产品加入其中，营造"洛丽塔"的故事，吸引消费者。你还可以根据节日来设定陈列主题。比如，圣诞节、情人节、妇女节。

主题陈列需要注意以下几点：

第一，你需要先确定你想要展示的产品。

第二，通过产品摆放以及视觉设计来吸引消费者的注意力。

比如在圣诞节期间，美业店可以制作一个圣诞风格的陈列展示，用产品摆出一棵圣诞树的造型，再加入一些圣诞风格的花环和串灯，旁边也可以放一棵小的圣诞树和一些烛台，以此来增加节日气氛。

第三，还可以在陈列中用故事的方式来展示美业店的品牌 IP 故事。

比如，一家美业店老板开设店铺的初衷是把女儿打造成一个公主，于是在橱窗陈列中就可以把这种情怀加入其中，让店铺陈列的产品立刻增添一种温情元素。

5.4.2 整体陈列：为客户做整体设想

整体陈列，指的是将整套产品完完整整地向消费者展示出来。比如，将全套的美发产品、护肤产品作为一个整体，用人体模特完整地进行陈列。

整体陈列形式是为消费者做整体的设想，让客户购买起来更加便利。我们经常会看到一些大型的美业店，往往在一整片橱窗的陈列中，只展示一套或者一系列主打产品，让客户在第一时间看到这个品牌的产品，加深印象。

5.4.3 分类陈列：极简中一目了然

在美业店的陈列中，还可以根据分类进行展示。在分类陈列中，主要的方式是根据产品质量、性能、特点和使用对象进行分类。

这种陈列方式可以方便消费者对不同功能、质量和价格的产品进行对比，最终选择适合自己的产品。比如，美业店可以在陈列中加入不同等级的护发产品。在陈列时，不同等级的产品可以对应其效果图进行展示，让消费者更加形象地看到不同产品带来的不同效果。

这种陈列方式相对来说比较简单，但是极简之中带有丰富性，让消费者一目了然，是美业店可以采取的普遍陈列方式。

5.4.4 关联陈列：互补产品一起展示

关联陈列，指的是美业店可以将不同种类但相互补充的产品陈列在一起。这样，消费者可以在购买某产品之后，也顺便购买旁边与其有互补性的产品搭配使用。这种方式可以让美业店的整体陈列变得多样化，同时也增加了消费者购买产品的概率。

关联陈列的原则是产品必须互补。这种陈列方式打破了产品各类别间的界限，能在一定程度上满足消费者在生活中的实际需求。

比如，护发可以联系到护肤，护肤可以联系到修眉、假睫毛，同样也可以联系到美甲，等等。利用这种关联性，我们可以将不同种类但有互补性的产品陈列在一起，给消费者提供更多的选择机会，这也是一种很常见且有效的促销方法。

5.4.5 美业店陈列法则

无论是什么方式的陈列，美业店的陈列都应该遵循下列几个原则（见图5-2）：

```
┌─────────────────────────────┐
│   第一，保持产品整洁干净    │
└─────────────────────────────┘

┌─────────────────────────────┐
│   第二，及时调换破损产品    │
└─────────────────────────────┘

┌─────────────────────────────┐
│   第三，上小下大，上轻下重  │
└─────────────────────────────┘
```

图 5-2　美业店陈列原则

第一，保持产品整洁干净。

在产品陈列中，不但要保持陈列产品整齐、清洁、无破损，同时要保持货架的清洁和无破损，产品的价格牌也要保持整齐、清洁。这就表示，每天都要做好产品陈列柜的清洁工作，同时要定期更换方位、摆设方式等。

第二，及时调换破损产品。

如果陈列的产品有破损，要及时发现并及时更换，否则会严重影响销售，还会影响美业店的品牌形象。

第三，上小下大，上轻下重。

美业店陈列一定要遵循这样一个原则：上小下大，上轻下重。对于较重以及较大的产品，最好摆在下面，较小和较轻的产品摆放在上面。当然，有时候为了突出形象，会把一些大包装的产品如礼盒等摆在货架顶部。

另外，如果美业店的货架过高，比如接近2米，那么最上层货架只能起到一些宣传作用，也可使用外箱、手提袋来展示。

5.5 不仅要会"卖"货，还要会"管"货

在美业店的管理中，对货品不仅要会"卖"，更要会管理。在产品管理中，我们需要明确两点：一是产品定价；二是库存管理。对于产品定价，美业店应根据市场情况及产品成本、店面开销等因素综合考虑，有些老板撇开这些盲目定价，结果导致成本与收益不成正比。库存管理也不是一件容易的事。因而，美业店老板一定要懂产品管理。

5.5.1 产品定价方案

说起美业店的产品定价，在这里通常指两方面：一是消费者购买的产品，比如护肤品、护发品等的定价；二是美业店的项目定价。对于前者，只要根据供货商的渠道信息和市场中的品牌信息来定价即可。下面我们主要说一下美业店的产品项目定价方案。

美业店的产品项目定价其实是美业店老板比较头痛的一件事。如果定价过高，销量肯定会受到影响，而且员工在推销价格高的产品时也会有很大心理压力；如果定价过低，销量会多一些，但是恐怕无法满足美业店的经营预期，在利润上会让老板失望。具体可以从以下几点

进行调整：

1. 根据时间调整产品项目价格

在营销和管理的过程中，美业店可以根据时间的变化来调整项目和产品的价格，这种方法也称为时间定价法。

时间定价法不仅在美业店适用，在其他行业，特别是销售行业也被广泛运用。其实施的具体方法就是根据不同时间段来定价。举个例子，一家美业店举办周年庆活动，当天，该店所有产品和项目价格一律定为 8 折，但是仅限当天。时间定价法的优势在于客户在了解了活动之后，会产生一种消费时间上的紧迫感，从而刺激消费。

2. 阶段性定价

在运营过程中，美业店一定要注意定价的方法和策略。阶段性定价法是一种可行性很高的定价方法。比如，美业店往往都会推出会员卡制度，如果存 1000 元，可享受美容护理项目 8 折优惠，再续存 1000 元，则可以享受 7 折优惠，根据会员卡金额的不同来制定优惠方案，可以很好地稳定美业店的客户群。

3. 最高定价法

美业店还可以采用最高定价法。

最高定价，字面上的意思是制定最高价位。一个美业店在为产品或者项目制定价格的时候，要确定一个最高价，这个产品或者项目是同业中价格最高的。这种定价的好处是，可以让消费者对你的产品或者项目产生兴趣，进而有了解的意愿。此外，由于价格高，还能够使产品和项目给人一种"高大上"的感觉，无形中提升了店面的品位。

4. 根据同行产品项目价格走向来定价

在给自己的产品和项目定价之前，美业店老板一定要充分了解同行业其他店铺的产品价格，尤其是距离自己美业店较近的与自己有直接竞争关系的店铺。一般情况下，在同一个城市或者同一个地区不会只有一家美业店，同时，无论美业店开在哪个城市，都会有一个价格区间的标准。一旦价位高出很多，除非有明显的品质优势，否则会导致美业店利益受损。而且，产品的价格过高也会使消费者数量相对减少。

5.5.2 库存管理要科学

美业店对库存管理要求很严格，因为一不小心产品就会堆积如山。库存管理一定要科学合理，可遵循以下几个原则：

（1）库存管理人员必须对所需的货物数量进行准确的预测，这样才能进行科学合理的货物储备。

（2）美业店老板必须对所有正常产品的订货进行审核，并在数量和质量上进行确认，要定期检查库存是否合理，实现不缺货、不堆积。

（3）如果出现库存短缺，一定要快速查找缺货的原因。

（4）如果店内主打的产品或者重点产品缺货，可以对替代产品进行促销，以减少缺货带来的损失。此外，还要立即采取补货、追货措施。

（5）保证所有处于缺货状态或准缺货状态的系统库存信息准确。

（6）做好缺货商品的报告。

服务是美业店的"产品"王牌

随着"互联网+"的发展,美业店对服务和品质的追求越来越高,因此,很多美业店开始朝着高端、顶尖方向去做。

很多美业店管理者远赴海外,前往美业行业发达的国家寻求服务之道。但是,想要做出自己的特色,赢得客户的认可,不能一直重复别人的商业模式,而是要有自己的服务理念和服务模式,要用自己的方式"点燃"客户的消费热情。

5.6.1 打造专属特色服务

当前,很多美业店已经认识到了服务的重要性,也都在维护客户满意度上下了功夫,做足了文章,达到了服务广度上的要求。尽管如此,对美业店来说,服务的深度仍有待进一步挖掘。大多数美业店都是通过促销的手段来吸引顾客、创造利益,或多或少地会跟风和模仿,而缺乏核心竞争力。核心竞争力来自于美业店的特色服务。

美业店需要打造专属特色服务。那么,如何打造特色服务呢?图5-3中提到了三点。

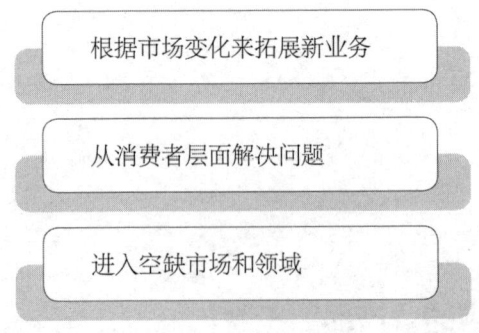

图 5-3 美业店打造特色服务的方法

比如，美国一家美业店就开展了老年美容护肤领域的特色服务。这家美业店之所以会推出这种特色服务，就是基于以上三点考虑。

当前，老年消费人群越来越大，对各个美容品牌而言，了解这一消费群体的消费目的和消费预期也成为战略重点。经调查，2016年，60岁以上的人群占全球总人口的12%以上，到2030年，这一比例将达到17%。因此，老年消费者必将成为一个有前景的消费群体。

欧睿信息咨询公司针对60岁以上的消费人群进行了美容护肤相关调查。调查结果显示：在护肤品功能特性中，63%的受访者认为保湿是第一位的，只有37%的受访者要求产品具有抗衰老的功能。对这一年龄段群体而言，护肤品预防和淡化皱纹的功能甚至没有排进前五名；而在头发护理方面，不到20%的受访者要求产品具有掩盖白头发的功能。

该店铺进一步分析老年人在个人护肤方面的观念，发现有60%的受访者认为他们之前的个人经验是影响消费决策的关键。但是，线上因素的影响力在不同的年龄阶层中差别很大，比如在线评论和美容博主，不到 7% 的老年消费者认为这是他们购买护肤品的影响因素。

对老年消费者来说，家人、朋友的推荐对他们的消费更加有影响力。因此，针对老年人的美容产品需要充分考虑这个因素。该店铺在店内为老年人提供新产品的免费试用，让其亲身体验到产品的效果，还推出奖励机制（积分、升级、折扣），让他们愿意将产品推荐给自己的亲戚、朋友等。

这家美业店除了针对中老年人推出特色产品和服务之外，还为老年人提供了大量的新颖服务，如针对老年人的门面文化、前台文化、护肤、产品文化、镜台文化等。通过这些措施，这家店拥有了专属的特色，不但知名度越来越高、声誉越来越好，也深得中老年消费者的认可，快速获得了中老年消费者的青睐。

5.6.2 根据客户需求创新"爆品服务"

在服务这条路上，想要获得更多的成就，你需要的不仅仅是提供专属的服务，还应该从客户角度出发，根据客户的需求去加以创新，推出一些"爆品服务"，即在产品项目上做文章、做出卖点。

比如一个很简单的洗头服务，如果你有创新才能，在做好洗头服务这一环节，就可以打造出一个爆品服务。泰国一家美发店就在洗头方面做出了创新。

众所周知，洗头服务无非就是客户进店之后、理发之前会由设计师助理或者洗头师傅带领到洗头处，十分钟左右，洗头师傅会帮客户洗好头。事实上，很多人并不是太喜欢这个环节。

然而在泰国这家店里，洗头成为人们争相要体验的项目，甚至原本不打算理发的客户也纷纷来店要求洗头。这家店的洗头模式到底是什么样的呢？店家在洗头处加了头部按摩治疗仪，洗头师傅在给客户洗头时，会伴随着舒缓的音乐对客户进行头部按摩。

在这家店里，"洗头"成为一个标志性的服务项目，也成为这家店的一个突出卖点，更是众多客户争先消费的产品，一度成为"爆品"。所以，美业店需要根据客户需求大胆创新，满足客户的深度需求。

5.6.3 服务接待流程

美业店的产品与服务是时时刻刻联系在一起的，项目可能就是服务，服务就是项目，因此做好服务也就是做好产品。

悦己美业管理大学提出了专业的服务流程（见图5-4）。

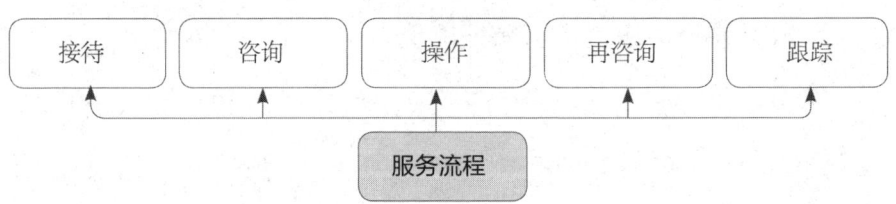

图5-4 悦己美业管理大学的服务流程

具体接待流程：接待—引领—介绍客户—咨询—自我介绍—更衣/拆密封袋—操作项目—送客。

第一步：接待。

要求前台值班美容师（小天使）状态：仪容整洁，面带微笑，不可靠墙站立，有客人来时应及时起身问好。

问候：欢迎光临！上午好！女士您是第一次进店吗？请问您有预约

吗？怎么称呼您？

面对新客户：您请坐，女士请您换一下鞋，我们保证一客一换一消毒，请您放心使用。您的鞋我会帮您放在鞋柜里。（不可以让客户站立，半蹲式送鞋）

面对老客户：（主动上前迎接客户）您好，欢迎光临！女士，请问您有预约吗？（同时帮助客户提起随身携带的较重物品，引领客户到换鞋区换鞋，及时摆放整齐。如果有美容师、顾问或者院长站在前台，一定要赞美客户）

（老带新）美容师：您好，欢迎光临！这位是您的朋友吧？

老客户：是啊，今天带她过来体验一下，你们可要好好为她服务啊！

美容师：好的，一会儿请我们的专业皮肤管理顾问为她做一下专业咨询。姐，请您这边走，这是我们的咨询室，您先坐一下。

第二步：引领。

美容师：（引领客户至咨询室）女士，请您稍等，我去给您倒杯水！请问您是喜欢温一点儿的还是凉一点儿的？……好的，请您稍等！……女士，让您久等了，您的水。（两只手分别放在水杯的下 1/3 和杯底处，千万不要放在水杯的上 1/3 处，或者左手托杯底右手拿水杯下 1/4 处，水位不可超过杯位的 2/3，把水杯放在客户的左手边）

话术：女士，请您稍等，我去请我们专业的皮肤管理顾问。（若遇顾问不能马上接待新客户时，美容师要转告客户原因，并向等候的客户推荐公司《期刊》，向老客户推荐活动扉页或是新的杂志等）

第三步：介绍客户。

话术：女士，让您久等了。（手势）这是我们店金牌皮肤管理顾问

××。这位是和您预约好的××女士。（美容师在客户身后等候）

第四步：咨询。

要求先过熟人关，（赞美）企业文化宣导、重点讲解医美皮肤管理与生活美容的区别，填写资料卡或者其他内容。（引导检测）××女士您好！为了更精确地为您搭配皮肤管理方案，我们现在用专业的皮肤检测仪器来为您检测一下，可以检测出您的皮肤属于哪种类型的肤质，或者脸部的皮肤出现了什么问题。

第五步：自我介绍。

美容师：女士您好！我是美容师××，今天由我全程来为您服务，相信我的服务您一定会满意！

第六步：更衣/拆密封袋。

话术：××女士，这是我们店里一次性的一客一换的床单和面扑，请您放心使用……

第七步：操作项目。

（参见标准的项目操作流程）

第八步：送客。

签写档案，提醒贵重物品不要遗留，预约下一次到店时间，换鞋，美容师将客户带至换鞋区域，将客户的鞋子找出来，准备好。

送客：（送客出门）慢走，欢迎您下次光临。（如遇较冷、较热、下雨、下雪天气，应提醒客户注意天气情况）

第六章

营销智慧：用互联网思维把美业店搞"火"

再科学合理的店铺模式和流程，都离不开营销智慧。因为只有营销到位，才能让你的店铺"火"起来。店铺火了，才能带来品牌效应，形成"病毒式传播"和良好的口碑。任何一个美业店老板都应该紧跟形势，积极充分地利用互联网，用互联网思维来带动营销，用互联网思维给客户带去良好体验！

6.1 客户思维：获取客户，一切向转化率看齐

一个实体单店，其影响力也就在周围的 3 公里左右，服务的也大多是这个区域内的人群。但是，老板不能把目光局限在这 3 公里以内，只要周围有人，就有潜在消费需求，就会有生意。

美业店老板要充分利用互联网营销思维，通过网络宣传提高自己店面的知名度，使更多的人知道店面的存在，了解店面的特色，进而吸引他们来店体验。

很多人都是只重视产品，而忽视了客户，所以失败的案例有很多。我们不得不承认，在互联网思维当道的当下，一切都要向转化率看齐。转化率体现在两方面：一是客户激活；二是客户留存。

6.1.1 客户激活：以最佳方式与客户建立关系

我们可以看到，多数实体店总是闷着不交流，但是各大电商却不放过任何一个和客户交流的机会，而后者使用的方式就是运用社交工具与客户建立联系。

实体店的同行之间往往不进行交流，但是线上的电商或者微商之间

却总是联手营销,就像蚂蚁兵团一样,抱在一起抢夺市场。

这也说明一点,很多实体店往往非常缺乏客户思维,这也直接导致它们就算做了很多年,客户黏度依然不高。这在互联网的世界中,就说明店铺的"忠实粉丝"太少。

很多美业店做的都是一锤子买卖,这与线上的成交方式有着很大不同,自然也就干不过线上。

美业店想要获得客户,就必须要懂得如何激活那些"原本不属于"你的客户群。最好的途径就是找到一种合适的方式与客户建立关系。

在线下的实体美业店,客户进店购买产品或者接受服务,消费完就走,走了就很难再联系上,除非是住得非常近的顾客或是会员。

如果只是秉承"一锤子买卖"的做法,那么美业店很难做大。因此,美业店老板必须要学习线上互联网客户思维,与客户建立联系,了解客户不同阶段的需求,最好能为客户建立档案,这样才能让每一位进店顾客获得贴心服务,才有可能"二次消费"。

那么通过何种方式建立联系呢?

1. 微信客户群

对任何一个进入美业店的客户,都向其出示本店的客户群二维码。可以在客户享受服务时,一边与他聊天,一边邀请他入群。还可以向对方表示,加入群可以随时获得优惠信息等。总之,通过微信群的方式,可以让店铺与更多到店客户之间发生有效联系,更有利于店面对客户进行管理,同时也能使客户第一时间获知店铺的各种活动信息。

2. 公众号消息推送

建立自己的微信公众号，并对到店的客户推广自己的公众号，也可以在外部宣传册或者网站上展示自己的公众号信息。

通常客户对是否使用某产品体现的是一种直接反应，就算不使用产品，也不会直接对公众号取消关注。这时候，你就要抓住机会，及时推送有吸引力的活动消息。一旦你的公众号推送的信息触到了客户的兴趣点，就会在瞬间激活这些客户。

3. 后续服务

在互联网思维中，服务是很重要的一环，实体店依然可以借助服务这个契机来连接客户。比如一个客户前往美业店消费时，我们可以预约他的下次保养服务或者连带服务等，并且借助这些后续服务帮助店铺激活他们。在进行后续服务的过程中，我们还应该对店铺的产品、服务进行再次营销。同时，留心观察客户的情绪，对客户表达关心，从情感上获得他们的认可。在这个过程中，你还可能会激活他身边的朋友，这对美业店来说是一个简单、直接而有效的拓展客户的方式。

6.1.2 客户留存：留住最有价值的客户

我们首先要清楚什么是客户留存？客户留存是指客户按照你的期望而行动（消费），直至该行动成为一种习惯，并且持续保留在该阶段。

很多美业店的老板认为，激活就是留存，实际上并非如此。客户留存意味着客户要持续重复购买你的产品，并为你的产品贡献新的内容，提出新的意见，即参与到你的产品销售中。因此，美业店的客户留存更多的是指要提升产品或者服务的价值,让用户参与其中,并且找到归属感。

要想留住最有价值的客户,可以通过以下三个环节来实现:

第一个环节:积极与客户互动。我们需要利用互联网思维,在各大平台尤其是公众平台或者社群中,抛出话题,培养客户的参与行为习惯,只有这样才有建立联系的可能。

第二个环节:优化与客户的关系。通过组建社群强化和客户的关系,增加彼此的联系。在这里,我们需要更加优化这种联系。通过优惠活动、会员专享等手段,增加客户的存在感和归属感。

第三个环节:重视并落实客户所反馈的意见和诉求。让客户感受到自己被重视、被认可、有价值,从单方面的接受方变成产销结合的合作方。

6.2 平台思维：打通线上引流和营销全战略

在互联网营销中，什么最重要？是个人能力，还是人才数量？其实都不是，最重要的是平台。个人能力再强，如果没有平台，也是英雄无用武之地。在移动互联网时代，随着微信、微博营销的崛起，平台思维显得更加重要。因此，在互联网营销中，美业店更应该时刻注意平台建设，培养平台思维。

平台思维主要是指开放、共享、共赢的思维。平台之所以比个人能力重要，是因为平台集中了众人的力量和智慧。美业店就算有一个能力非常强大的营销专家，如果只是依靠一个人的力量，也不可能取得长足发展。

在世界500强企业当中，有60%的企业已经在依靠平台思维来做营销，平台商业模式甚至已经成为其主要收入来源，比如微软、谷歌、苹果等公司。

当然，在移动互联网时代，美业店想要获得营销上的成功，就必须开放自己，利用好每一个互联网平台，从各方面接收能量。

6.2.1 直播营销方案

2016年6月25日晚，外婆家创始人吴国平在他新开的全虾馆品牌"你别走"中上演了一场"网红直播"秀。

短短一个小时的时间，吴国平邀请的网红们就发出了400份口令红包券，成功吸引了上百万粉丝在线观看。人们在直播中看到了如何在外婆家、全虾馆中智能点菜，看到了服务人员的细心和热情，看到了客户享用美食时的状态……这为全虾馆和外婆家带来了大量的现金流。

无独有偶。2016年9月，法国娇兰化妆品品牌邀请了当红明星"小鲜肉"杨洋做了一个"百变杨洋直播秀"。在直播现场，明星与粉丝互动，品牌与粉丝零距离接触，粉丝亲身体验产品……直播现场与五大城市的专柜线上、线下联动。让我们来看看这组数据：娇兰唇膏总体销售超过1万支；超出日均销售100%；在天猫商城销售额突破120万元；天猫直播获得点赞超过300万……

这些直播的成功案例告诉我们，直播营销已经成为各大企业青睐的移动互联网平台首选。对美业店来说，选好直播平台非常重要。虽然目前火热的直播平台有几百个，但并非每个直播平台都适合美业店。每个平台都有自己的特点和标签，在选择直播平台时，关键要看匹配指数。只有找到最适合美业店的直播载体，才能做对直播营销，获得预期效果。

一般来说，有三大直播平台比较适合美业店。

1. 天猫直播

天猫直播是阿里推出的直播平台，其主要定位是"消费类直播"，逛天猫的客户可以"边看边买"。天猫直播涉及的领域包括母婴、美妆、潮搭、美食、运动健身等。只要你在天猫有店铺，想要营销自己的产品，就可以在天猫做直播。

可以说，天猫直播等于是天猫电商各大企业店铺"高级定制"的展示台，在这里，客户可以将产品、服务一并带到展示台上，向客户尽可能地展示产品。

天猫直播对美业店的营销来说，最大的优势就是营销专业性强。在天猫做美业店直播需要注意以下三点：

（1）直接介绍产品。这也是最简单的一种方法。很多美业店会有自己的天猫或者淘宝店，店主可以自己在天猫上主播，在直播过程中，还可以介绍店内服务或者营销产品的特点、相关数据、各种参数等。

（2）给客户推出增值服务。由于天猫直播时间可以很长，所以在直播中可以为客户推出一些额外的增值服务。

（3）直播中送红包优惠，吸引人们边看边买。在天猫直播中，可以实现"边看边买"功能，客户一边观看直播，一边就可以购买直播中的产品。为了更好地变现和实现销售转化，美业店可以在直播中不断地给客户发送红包或者优惠券，这样既能促进产品的销售，又能吸引更多客户关注。

在天猫直播中，美业店可以将产品或者服务360度呈现给客户，也可以为客户提供更多增值内容……所以，美业店要充分利用好这个直播平台，打开新的营销模式。

2. 美拍直播

美拍直播的宣传语是"高颜值手机直播+超火爆原创视频"。显然，美拍是一个注重颜值和原创的直播。因此，对工作在"颜值"一线的美业店来说，要打造有颜值的直播，就可以选择美拍。

在美拍直播中，美业店可以让店内颜值高的"网红"当主播，用美丽和时尚来宣传美业店，吸引客户观看直播，从而关注美业店的服务和产品。

3. 一直播

一直播最大的特点就是社交性和传播性。一直播与微博达成直播战略合作关系，成为继秒拍后下一个与微博达成合作的直播平台，承担起了微博直播业务的支持职能。可以说，在微博这棵大树下，在一直播做营销变得更容易。

与其他直播平台一样，一直播快速、时尚，注重年轻化的服务。但是一直播更侧重移动直播，客户只要连接网络，就可以随时随地用手机直播。凡是微博客户，都可以通过一直播在微博上面直接发起直播，客户不需要再回到一直播 APP 中观看。在现代互联网的发展中，几乎所有的美业店都有官方微博，因而可以直接在微博中借助一直播发起直播营销。这种特性也显示出一直播独特的社交和便利特性，这种非一般的社交直播吸引了大量年轻人的关注。

在一直播中，美业店还可以通过制造新颖的直播内容形成一系列的话题。这些话题可以与微博相关联，如果点击人数很多，就可以被推送到微博话题热门搜索，从而形成"病毒式传播"。这对美业店来说是一种必要的营销手段。

6.2.2 微信公众号营销方案

提起微信公众号营销，最重要的就是要搭建一个优秀的公众平台。

美业店根据自己的优势和特点建立自己的公众号，比如订阅号、服务号、企业号等。

建立公众号之后，重点就是通过推送消息来营销。

下面我们来看一家美业店的微信公众号营销。

1. 推送优惠消息，吸引人们转发和分享

古道美场美容美发是北京市昌平区的一家美业店，他们的微信公众号每天会为客户推送店内的新活动和优惠信息。比如，2017年10月初，这家美业店在公众号发布消息："古道美场10·1活动来了！！这次名额有限，抓紧吧！！！"（见图6-1）

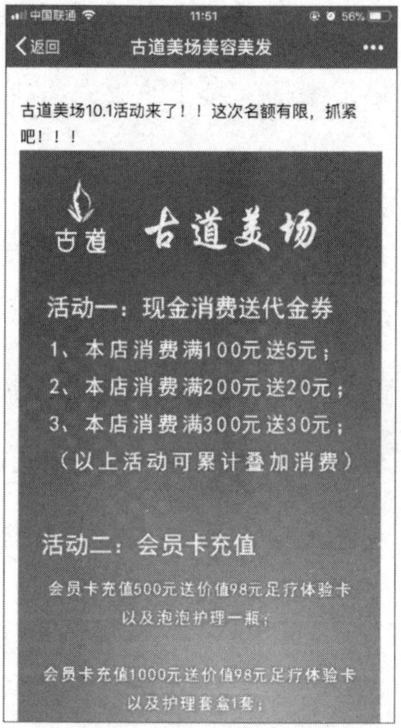

不仅是店内的优惠活动，这家店的各种新产品、新服务，只要上线，第一时间就会通过公众号推送出去，让客户及时了解。

图6-1 古道美场美容美发通过微信公众号推送优惠消息

2. 充分利用微信导航栏

古道美场美容美发店铺的微信公众号还充分利用了微信导航栏——加入了"会员中心""店内服务""品牌介绍"等快速服务，客户点击之后就可以进入相应的服务介绍中。比如，点击"会员中心"会出现一个子菜单（见图6-2），包括"会员信息""消费记录""我的优惠券""我的会员卡""我的服务计划"，客户可以选择自助服务。

此外，在"品牌介绍"中，还有"员工作品"子菜单，客户点击后，可以查看店内服务人员的作品。"店内服务"还可以快速预约，实现线上、线下无障碍的服务模式（见图6-3）。因此，无论是哪种美业店，都可以通过微信公众号来实现新型的互联网营销。

图6-2　古通美场美容美发微信自助导航

图6-3　古通美场美容美发商城微信预约服务

6.2.3 微博营销方案

微博营销主要的作用就是推送最新的活动、优惠和信息。此外，微博营销还可以举办抽奖、赠送等活动，通过与粉丝互动吸引更多客户关注和参与。

比如，深圳艾尔比美发店就通过微博来发送优惠信息，还将店铺二维码放在宣传海报中，感兴趣的粉丝可以自愿转发（见图 6-4）。

图 6-4　艾尔比美发店微博宣传海报

6.2.4 APP 营销方案

　　说起 APP 营销，主要有两种方式：第一，建立自己的 APP，然后在 APP 中进行营销。比如，可以让客户下载 APP，通过 APP 直接进行线上预约、线上沟通、线上付款等，还可以通过 APP 给客户推送优惠信息和红包返利等。第二，与一些大牌 APP 合作，主打广告流量。在一些知名的 APP 页面上做宣传，可以让更多互联网客户看到你的店铺信息。

6.3 O2O 思维：线上消费、线下体验的新颖方式

美业店想要做好运营，必须要跟随互联网的发展趋势。在互联网营销思维中，还有一种 O2O 思维，即线上消费、线下体验。如今，O2O 模式已经成为未来产品运营的发展趋势，尤其是打造社区的 O2O 模式。

我们站在客户角度，来看一下美业店开展社区 O2O 模式应该是什么样的：第一，在自己家里就可以预约服务，不需要到店排队；第二，在家里或者路上就可以接收到美业店的优惠信息、提醒信息，并且能在线解决很多问题……

互联网并非要改变人们的生活，而是要提升人们的生活品质，让生活变得更便捷、更有趣。O2O 思维正是基于这个目的去做的。美业店的运营者一定要把自己的服务和产品向客户需求的 O2O 模式方向去发展。

那么，对一家美业店来说，到底该如何进行 O2O 的思维营销呢？

6.3.1 线上折扣、捆绑优惠信息"连环刷"

在 O2O 模式中，最重要的一个服务特点就是线上付款。在线上付款时，美业店一定要给出可以打动客户的价格。那么，如何吸引客户

使用线上付款呢?想要做到这一点,美业店需要在线上将折扣与优惠信息捆绑在一起,让客户在线上消费时觉得十分优惠。

比如,位于北京市朝阳区东三环中路建外 SOHO 的小 P 老师 -Pstyle 造型店,就在美团(O2O 团购网站)为客户提供了优质且独到的服务(见图 6-5)。

图 6-5　小 P 老师 -Pstyle 造型店的美团优惠信息

该店在美团中为客户提供了多个优惠连环套餐,如门店价 1828 元的单人专享施华蔻烫 / 染套餐,在美团只需要 898 元,优惠力度非常大,很难不让客户动心。

此外,这家店还在美团推出了代金券,客户只需要消费 85 元,就可以获得 100 元代金券,而且节假日全场通用(见图 6-6)。

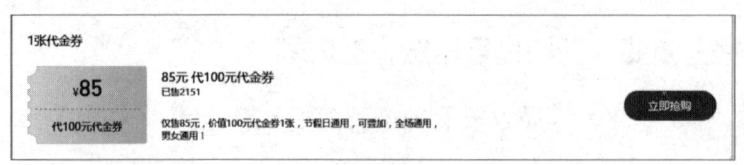

图 6-6　美业店线上代金券

有了这些层层叠加的优惠，很多消费者自然会在线上加大消费力度。消费之后，一定会在有效期限之内进店享受服务，这就完成了O2O思维模式的完美闭环。

6.3.2 提供优质、专业的上门服务

美业行业也好，其他行业也罢，只要你的运营应用O2O思维，就需要明确一件事，那就是做好上门服务，也就是做垂直服务。产品从垂直领域切入会相对比较容易实现高效运营。当然，这需要运营者为客户提供一个互联网平台，比如微信小程序、手机APP等。

事实上，美甲、按摩、汽车美容等都可以推出上门服务，如河狸家、e袋洗、e洗车等。有美甲、修眉、按摩等服务的美业店，更需要提供这种上门服务。一方面，可以让客户在体验时更舒服；另一方面，这种新型的体验模式也更能体现出美业店的周到服务和创新改革，还节省了顾客的时间。

当然了，上门服务时，服务人员一定要非常专业，要做到和店内专业人员一样，甚至比店内更加专业，唯有这样，才能吸引人们进行O2O消费和体验。

无论是什么类型的运营，一个运营者，一定要记住，最终的目标是为客户提供综合服务。客户是否满意，直接决定着你的店能否长久经营下去。因而，无论是什么形式的服务，都应把客户的感受放在第一位。

6.4 体验思维：打造"沉浸式"体验，让客户不想出店

随着互联网时代的不断发展，很多店铺更讲究体验营销，特别是美业店。当前，每个人都十分注重外在美，美容美发行业也成为市场中一个不断拥有火爆生意的行业。美业店想要获得更多客户，不妨运用好体验营销，让客户从体验中直接获得"变美"的感受，那么店铺就不愁没人光顾了。

客户体验在互联网思维中，指的是客户在访问某个网站或使用某产品、享受某项服务时的身心体验。越来越多的创业者开始重视体验营销。很多美业店老板在开店之初，也都通过大量的体验活动来宣传自己。只有真正体验一把，才能知道好不好、适不适合自己。

打个比方，电视上经常播放的炫迈口香糖广告，它的那句广告词"根本停不下来"就深入人心，让人有一种体验感。再比如，雪碧广告中的"透心凉，心飞扬"也能引起人们很深的共鸣。

那么在美业店中，我们应该如何应用体验思维来营销呢？这需要我们切实地给客户打造一个"沉浸式"的体验模式，让他们在体验之后，根本不想离开店铺。

6.4.1 打造"个性化定制"中心

想要通过体验感留住客户,首先就要打造一个定制化的体验感。这需要从三方面来考虑。

1. 视觉定制体验

首先是外在的定制体验,那就是视觉感。美业店一定要精心调查客户的喜好和当前的流行趋势,然后依托项目的个性定位及独特的商业区位,邀请设计师来设计一个与众不同的美业店空间。

这需要定制师利用场景感为客户带去目不暇接的视觉体验,让客户在接受服务的过程中身心愉悦。

当然了,视觉上的设计还离不开店铺内的设备,需要定制与美业店场景契合的专业器材,如镜面、桌台、灯光、智能平板等。

此外,美业店还可以在内部打造 VIP 定制视觉场景,让 VIP 客户有一种被高度重视的感觉。

2. 产品定制体验

美业店还应该让客户更多地参与到产品制作和服务中,享受"不一样"的待遇。

以药房起家的美国美妆护肤品牌科颜氏就已经在全球的护肤连锁店铺内推出了个性化护肤解决方案 Apothecary Preparations,这项服务针对的是不同客户的独特护肤需要,专门提供私人定制修护配方。

这项服务的过程是这样的:首先,科颜氏对客户的肤质进行专业检测。然后,根据检测结果挑选两款必需的浓缩精华配合"强化肌底原液"组成专有的独特配方。在这项服务中,可选择的成分功能包括清除皱纹、细纹、收缩毛孔、美白等。最后，每位客户会拿到个人专属的包装盒，盒外印有客户姓名，盒内则是客户定制版的专业护肤品。

3. 服务定制体验

美业店还可以根据不同的客户来为他们提供专业的定制服务。比如，一对一的美业总监服务，让客户享受到独特的待遇，下次客户再来时可以直接要求上次定制的总监为自己服务。这种专业打造"一对一发型（护肤）总监"的方式，可以让客户更大程度上享受店铺的专业服务，感受"贵宾"待遇。同时，专业顾问能根据客户的个性化需求为其设计有针对性的服务套餐，较彻底地解决客户的困扰，进而使客户对美业店产生"品牌忠诚"。

6.4.2 建立一个体验性社交场所

美特斯·邦威很早就已经实行了店铺内的体验社交场所服务，客户在店内可以通过手机和平板电脑来选择服装搭配，这大大节省了客户的时间，同时也能更好地帮助客户买到心仪的服装，还可以与专业搭配师进行线上的互动和交流，就算离开了店铺，也能获取搭配知识。

无独有偶，宜家家居也开启了这种服务。在宜家家居的 APP 中，客户可以选择一个家具，通过 3D 和 AR 虚拟技术，来体验该家具在自己房间内的搭配效果。

美业店一样可以实行这种体验服务。比如，美业店可以在店内设立一个发型测试、皮肤测试的二维码，客户扫描之后就可以获得专业测试，同时还可以找到与自己相同特质的客户，客户与客户之间可以沟通和交流。此外,还可以由专业的虚拟美容美发顾问在线指导客户。

这样的方式既能够实现营销的目的,又达到了娱乐社交的目的,可以在很大程度上增加客户对美业店的黏度。

6.4.3 店内自助服务

美业店的体验思维还体现在自助服务项目上。比如取号预约、自动皮肤测试、自动发型匹配等。在美国,很多美业店都已经开设 AR 虚拟体验。在纽约曼哈顿的一家美业店内,客户在空闲时间,只要对着一台机器扫描一下,就可以看到自己皮肤的科学分析数据,然后根据这组数据匹配相应的服务,并且可以看到效果图。

此外,美业店还可以在店内准备电脑、电视等设备,因为很多陪同者会在等候客户消费时感到十分无聊,这时候可以让他们在玩游戏、看电视中打发时间。

6.5 免费思维：让客户少花钱，企业多赚钱

免费思维在互联网营销思维中占据着重要地位，可以说是互联网营销中的撒手锏。互联网巨头企业几乎都用了这招。比如，网易是靠免费邮箱起家的，腾讯是靠免费的QQ起家的，阿里巴巴的淘宝在最开始是免费的，百度的搜索引擎起初也是免费的……

那么，到底什么是免费思维呢？免费思维就是利用"低价"或者"免费"的策略，吸引消费者前期消费，成为企业的忠实客户，企业在获得了充足的客户资源后，会推出很多收费项目和服务。换句话说，免费思维并非真正的免费，而是为了更好地收费。

天下没有免费的午餐。免费的背后，是为了更好地引流量、圈客户，因为互联网思维的一个核心理念就是"先圈客户后圈钱"。当"圈来"的客户足够多时，我们再通过商业手段促使其产生价值。

创业者想要让自己的企业获得更大价值，就需要利用免费思维吸引大量的客户，然后引导客户在其他地方消费，从而赚取利润，实现费用承担者的转移，将企业的价值链延长。

6.5.1 "买送"决不走老套路

免费思维的一个很重要的特点，也是最突出的特色就是"买送"方式。我们在各大电商网站、实体超市、商场，都能看到这样的字眼——"买一送一""买二赠一"等。这就是最初也是最简单的免费思维模式。

买就送，这样简单的思维逻辑，最能吸引消费者的注意，可以勾起消费者心理上的消费欲望，让他以为花小钱就能获得大价值。对商家来说，看似是亏本，实际上是获得了大量的客户，而且通过"赠品"带动了更大的消费。

然而，任何方式用的时间长了，都很容易形成"审美疲劳"，所以免费思维中的"买送"应该换种新玩法。特别是在美业店的营销中，我们想要走"买送"路线，必须拒绝老套路，要来点新鲜感。美业店应该根据自家店铺的特色和消费者的消费偏好等来具体设计方案。下面我们来看一家中等规模的美业店在这方面的做法。

店面情况：

这家店一共有150平方米，位于二线城市繁华地带，属于中等规模。

店面成员：

包括老板在内共有20个员工，其中6个是美发师、8个是洗头师、6个是烫染造型师。

平常收费状况：

洗头收费是30元左右，根据洗发水不同，价格也不同。

免费营销方案：

为了回馈老客户，采取的方式是：老客户只要在店内充值50元，就可以获得一张面值50元的烫染现金卡，以及5张价值30元的洗头卡，整个套餐价值两百元。

在这里要注意的是，这 5 张洗头卡是如何设计的——其中有两张老客户可以自己用，另外三张只能赠送给好友使用。店铺会根据老客户提供的好友信息，记录下他们的名字和电话，然后由美业店出面，以客户的名义邀请这些好友前往店铺享受洗头服务。

该店铺之所以这样设计，是为了更好地推广烫染业务，刺激客户再次进店，同时吸引更多的客户来体验。当然，洗头卡和烫染现金卡必须设定一个有效期。如果只是送客户一张烫染卡，可能后期转换率并不高，但是送洗头卡之后，客户日后再来洗头，就很有可能与烫染现金卡搭配使用。

当然了，美业店还可以从移动互联角度来增加"买送"服务，比如微信关注，可以免费洗头，集多少个赞可以享受 8 折烫染，等等。

6.5.2 免费试用，抓住他的先知消费

免费试用也是免费思维的一种方式。对美业店来说，这是一种常见的促销方式。这种方法不需要客户付出任何代价，因此它是诱使客户进店体验的有力武器。

通常情况下，美业店进行免费试用有两种策略：

第一，直接派送试用装。可以在门店进行派送，也可以上门派送。

第二，客户可凭美业店优惠券享受免费服务或领取赠品。这种方式主要是指美业店预先在广告媒体中派发活动信息，并说明凭此优惠券到指定地点可以享受免费服务或免费领取样品。使用这种免费促销活动，能把客户吸引到美业店，有效增加美业店的客流量。

对美业店来说，想要科学又高效地施展免费试用策略，还需要遵循"5W2H"原则（见图6-7）。

Why	为什么要进行免费试用活动？
What	免费试用的是什么？促销的又是什么？
When	什么时间做活动？持续的时间是多久？
Where	在什么地方促销？
Who	由谁负责和执行？
How	用什么方法去执行这种促销策略？
How much	这次活动需要多少费用？

图6-7 "5W2H"原则

要开展免费试用活动，美业店需要在前期做好资料收集工作，并且用科学的方式来界定促销主题，提出促销目标，选择合理的促销方法和时机，只有这样，才能制定出更有效的方案。

6.5.3 免费后续服务要够吸睛

当今的时代是服务为王的时代，任何企业都要以服务客户为主。在免费思维中，一定要充分认识服务的重要性，可以利用后续免费的服务来吸引客户。

比如，美国很多电动车品牌为了拓展市场，推出电动车免费赠送的营销活动，消费者只要签订一份使用协议就可以花少量钱甚至不花钱，把最新型的电动车开回家。但是，消费者必须到该品牌指定的充电站去充电或者更换电池。这些电动车企业虽然"赠送"了电动车，但是后续却可以依靠价格较高的电池与充电服务来赚钱。

美业店也可以运用这种思维来进行服务。比如，向客户推出金卡、银卡服务，客户一次交纳上千甚至上万元的会员费，但是可以享受一年或者三年的免费VIP高端服务，这样也很容易吸引客户的眼球。

值得注意的是，想要用后续的服务来吸睛，必须能拿出真正有吸引力的服务，要搞清楚服务的"核心"，进而加上"附加值"，才能打动客户，促使他们消费。

6.6 社群思维：通过社交认同取信客户

我们来看一个这样的公众号——在二线城市，一个有十几家连锁店的美业店品牌，头条阅读量平均3000，并且每天坚持发文。做到这种程度，应该算是不错了。

这个公众号建立四年后才取得这样的成绩。最开始的半年，每篇文章的阅读量只有个位数，一年之后才上百。很多人如果在前期遭遇这种"冷场"，早就放弃了，但是这家美业店坚持下来了，并且小有成就。

但是，转化率如何呢？通过观察，这个有几万人关注的公众号，却只产生了不到10%的销售转化。这好像并不科学。为什么？原因就在于他们只做公众号，并没有做社群营销，也就没有转化环节。

如果在做公众号的基础上做社群营销，其影响力会超乎想象。做好社群营销，可以获得更多忠实粉丝。通过社群的社交色彩来取信客户，会产生更高的转化率。

社群思维的重点是有流量、转化和裂变这三点。下面，我们具体分析一下美业店应该如何做社群营销。

6.6.1 流量：用内容做社群账号的流量积累

企业需要建立一些社群，比如微信群、微博群、QQ群等。接下来就是要增加流量，也就是获得大量成员。在这里，一个最重要的方式就是用内容吸引流量。内容是做流量的基础，也最简单。

我们以微信群为例。

首先，美业店需要搭建微信公众号，然后每天发文，文章内容一定要有深度，有干货，线上、线下持续推，关键在于坚持下去。要在公众号中适当发布社群信息，这样就可以吸引大部分的客户。

其次，在线下也可以用内容吸引流量。线下做好社群二维码，然后在宣传册上告知扫描二维码进群可以获得更多福利和信息。这样不但聚集了流量，而且还对接了商城。有一家快餐店就在外卖小票上做了文章。店主在小票上印上自己的群二维码，然后告知用餐的客户，只要扫码进群，就可以获得美食菜谱以及随机红包等。这个群很快就吸引了大量用餐客户，聚集了流量，日后的转化自然是水到渠成的事。

6.6.2 转化：用社群做销售转化

做社群营销，仅有流量思维是不够的，还需要有转化思维。

很多人建立了社群，但是每天在群里不断发送垃圾信息，如此一来，很多人都会退群，长此下去，这个群就一点价值也没有了。那么，如何才能用社群来实现销售转化呢？

1. 发送电商、店铺内部优惠券

许多做淘宝的店家都清楚，面临各大电商的竞争，想要盈利，必须要抢占先机。于是，很多商家就转战微信营销，不但在微信公众号、朋友圈中做流量导入，吸收红利，还利用微信群发送优惠券的方式来实现销售转化。

那么，微信群的优惠券模式该如何操作呢？有些需要流量的商家会发送很多内部亏本优惠券做店铺流量的导入。实际上，这种方式也并不简单，需要做到以下两点：

（1）在一些微信大群中发一些电商优惠券的链接。

（2）发送关注官方店铺的信息，可以立即领取优惠券，并在购买产品时使用。

2.线下店面利用社群发送优惠券

不仅淘宝、天猫利用微信群发送内部优惠券的方式实现销售转化，很多线下的商店也利用微信群来盈利。很多线下实体店会在开业、节日等特殊时期，提前在各大网站、朋友圈、公众号发送优惠信息，为实现高转化率，他们还会组建优惠打折社群。客户通过扫描二维码的方式入群之后，会收到该店发布在群里的优惠信息或者打折券，直接点击领取后，就可以前往线下店面消费了。

这样的方式非常适合那些在社区、学校附近开设的实体店，特别是美业店。新老客户都可以加入社群，从而成为固定的消费者群体。在群里，店铺发送优惠券，不仅可以让消费者得到优惠，为店家实现销售转化，还可以更好地与这些客户联络感情，让客户为其带来更多的消费者。

3. 做培训转化

企业还可以在社群中加入专业的培训。比如，美业店可以邀请发型师在社群内讲课，教大家如何提升自己的形象，如何选择适合自己的发型，如何化妆，等等。通过一些美容美发方面的常识和生活中经常会用到的小技巧的介绍，可以把群成员长久稳定在群内。当然，发型师的课程不可能使顾客成为"美发达人"，只是一些锦上添花的小技巧，想要实现真的"美"，就必须前往实体店去消费。

6.6.3 裂变：由一到十裂变更多粉丝

微信群营销的最关键环节在于成员裂变，微信群之所以能够给店铺带来那么多的利润和转化，是因为在某一个点上，我们可以无限复制、放大甚至裂变。

当你利用社群吸引到第一批或者重量级的种子客户之后，你需要做的就是获得裂变，吸引更多的群成员。在这方面，裂变的方法有很多，比如好友引流、种子引导、内容索引、免费效应、事件影响等。

在这里，我们重点说一下马斯洛需求层次理论。美国社会心理学家马斯洛将人类需求像阶梯一样从低到高分为五个层次，分别是：生理需求、安全需求、社交需求、尊重需求和自我实现需求。

我们需要了解客户心理，找到客户的痛点，再着手做社群运营和营销。当然，有些痛点不一定合理，但是，所有的痛点一定符合营销逻辑。社群的裂变式传播，也要建立在这层痛点的逻辑之上。抓住人们的需求，就等于抓住痛点，那么在做社群运营时，自然就能得心应手、快速裂变。

　　社群里的人并非一类人，虽然在整体上的需求是相似的，但是由于性格、经济收入、文化水平、家庭背景等各种因素的不同，成员的需求也会不同。针对不同层次需求做社群裂变也是不错的选择。

　　群主和重要骨干成员要对群成员有比较详细的了解，然后对群成员进行分组。做好分组之后，针对不同层次的人的需求，做出不同的服务方案。如此一来，所有群成员的需求在这个群内都能得到满足，那么自然就会产生裂变效应。

6.7 内容思维：近乎零成本的互联网推广

内容为王，这是互联网营销思维的基调，也是互联网时代运营产品的"金科玉律"。从现实案例来看，"内容为王"这个词确实是这个时代产品运营的核心。那么，到底什么是内容运营呢？

内容运营是指通过创造、编辑、组织来呈现企业的网站、产品、服务内容，从而提高内容价值，制造出客户对企业的黏性，对企业产品推广产生一定的促进作用。一个产品也好，一个企业也罢，进行互联网营销一定要有内容进行填充，而内容的来源、组织、呈现、通知的方式和质量对营销效果都会产生巨大的影响。

内容思维的核心是以客户为本，有客户需求就会有人供给，这也是自然规律。所以，我们会发现那些网络视频、新闻，总是那么容易满足客户需求。对于内容思维，我们可以这么理解：通过生产和重组内容的方式，去满足客户的内容消费需求，提升产品的活跃度，以及客户对品牌的认知度。

6.7.1 文案：几句话的组合，让店面风靡全网

文案是内容营销中非常重要的一部分，因此策划、设计一个好的文案是执行营销前非常重要的一项工作。好的文案可以为你的营销带来许多好处：首先，可以预热。在执行活动前发布文案，可以为营销活动预热。其次，可以让客户加深印象。一般营销活动都有一个主题，而这个主题除了在活动过程中体现，就只有在文案中体现了。要知道，文案的力量是很强大的，有时甚至超过营销本身。

那么，如何才能写出好的文案呢？

1. 设计好文案标题

标题设计的好坏，会直接影响到内容营销的效果。标题如果设计得不好，客户会因为无法直接领会主题而降低对营销活动的兴趣。一个的好标题，除了可以吸引客户参与之外，还能让人一眼看出营销活动的基本样子，所以设计一个好标题是非常必要的。企业可以用"当前热点＋企业产品"的方式来设计标题。此外，标题一定要干练简洁，切忌冗长繁杂。

比如，一家叫 MOMO 的美业店在微信公众号推出了一个头部 SPA 的活动，其文案标题是这样的："给头部来个 SPA，MOMO 带你开启洗护新革命。"（见图 6-8）

图6-8　MOMO美容美发的文案标题和配图

这个标题让人耳目一新，使客户一眼就能知道是在推广头部SPA，而且店铺运用了"洗护新革命"来吸引人们的眼球，非常有时代感。

2. 设计好宣传图

文案一般只有几句话，如果只看文字，未必能瞬间抓住眼球，这就需要我们为文案做好配图。上述MOMO美业店就很聪明，根据头部SPA来应景配图，一张形象具体的图片，既能明确体现主题，又能使版面显得生动活泼。

3. 做好文案背景

有些内容营销活动的文案会在开头用华丽的句子说明营销背景，其实这是没必要的。背景说明字数应控制在两百字以内，不要太多，也无须太过华丽的辞藻堆砌。客户是来参加活动的，不是来看你卖弄文采的,所以在活动背景介绍方面,用简洁的语言概述,让客户快速参与到内容营销活动中才是重点。

6.7.2 软文:一篇文章引发"病毒式传播"

软文不是文案,但是它既要迎合文案人和品牌商的口味,更要曝光于市场及大多数人面前接受审阅。因此,一篇软文好与不好,裁决权并不在自己手中。很多人觉得软文就是一堆产品介绍,事实上大多数的消费者都处于"低认知"状态,他们或许并不打算过多了解产品,甚至不想了解产品具体的成分、作用,更多的是简单地通过与产品本身无关的外部因素来判断这是个怎样的品牌。这种时候,真正有内容、有深度的软文就能起到很大的帮助作用。

简单来说,软文就是用文字来撰写的软广告,它起到的作用是宣传与告知。软文最厉害的地方在于"软",犹如绵里藏针,收而不露、以柔克刚。当读者发现是一篇软文的时候,已经冷不丁地掉入了被精心设计的"陷阱"里。

软文追求的是一种春风化雨、润物无声的传播效果,这是一种以柔克刚的方式。软文可以是一个故事、一篇散文、一篇日记……但最终它指引的还是产品、品牌。

下面我们来看佑米造型美业店的一篇软文。

学习法国女人的优雅,活成一个永不褪色的女人

二十岁活青春,三十岁活韵味,四十岁活智慧,五十岁活坦然,六十岁活轻松,七八十岁就活成无价之宝。那是每个女人都想要的活法：优雅一辈子。

印象中，法国女人总是穿着裁剪得体的衣服、化着精致的妆容，过着优雅又慵懒的生活。然而，她们的优雅并非天生如此，而是自律和节制后的慵懒。

为什么法国女人那么优雅？

小哇本期就为大家盘点让法国女人优雅的20件小事：

1. 最重要的是取悦自己

成熟的女人最懂得取悦自己，她们值得拥有最好的东西。

2. 穿得对比穿什么更重要

法国女人很懂得穿衣服，她们可以不穿华丽高贵的衣服，但一定是穿裁剪得体、颜色搭配适宜的服装，简单雅致的配饰，优雅的气质浑然天成。

3. 不可少的两支口红

口红，是女人的第二件衣服，是每个女人永远买不够的东西。法国女人一般会在手袋里放上两支口红：一支哑光和一支亮光，从白天到夜晚，在两种风情间轻松转换。

……

优雅是得体而精致的外表，丰富而强大的内心，柔而不娇、坚而不厉的品性气质，积极乐观、从容淡定的生活态度。

优雅地活着，优雅地迟暮，优雅到指尖，慵懒到骨子里，活成一个永不褪色的女人。

【阅读原文】欧莱雅烫染套餐立减20……名额有限！（见图6-9）

图 6-9 佑米造型软文末端出现促销

这篇软文的特色在于，一开始用"优雅的法国女人是如何炼成的"为主题，吸引人们去阅读。人家在阅读时，根本不知道这是一篇促销广告，当阅读者看完之后，就出现了促销。没错，这就是美业店软文的独特之处，可以"润物细无声"地使客户走入店铺的促销活动。

6.7.3 更多花样百出的互联网新内容营销

除了文案和软文之外，美业店还需要借助一些其他的方法来做内容营销。视频、直播、话题等，都是非常有效的方式。

比如，某美发造型师在微博中通过上传自制的美发视频，获得了大量人气（见图6-10）。

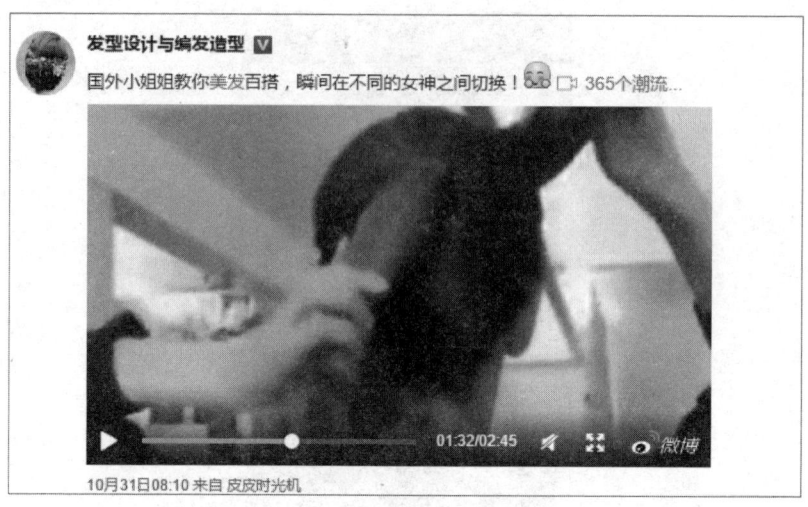

图6-10 美发造型师微博上传美发视频

美业店可以在一些热门的社交平台上传自己的美发视频,或者一些关于美容美发的有意思的视频,这样会让更多人看到,同时还能实现更大范围的网络传播。

6.8 活动思维：用"特色"活动拿下市场占有率

活动思维，顾名思义，就是企业通过组织营销活动来吸引客户参与。活动营销是爆发型的方式，往往一个活动会带来短期内各项运营指标的迅速提升。

活动营销包括活动策划、活动实施、活动执行跟踪、分析评估活动效果等环节。

很多实体店对活动营销并不陌生。传统的活动营销有三种类型：一是营销主导型活动运营，指以盈利销售为主、品牌宣传为辅而展开的主题营销；二是传播主导型活动运营，是指以品牌宣传为主、盈利销售为辅的策划活动；三是混合型活动运营，兼备前两种类型的特点，既做营销，也做传播。

在互联网时代，活动营销有了新思维，营销的主要角色是媒体，更重要的是侧重于个性化的特色营销。

6.8.1 借势热点，让人气爆棚

在活动营销中，紧抓热点是一个非常有效且相对简单的方式。热点包括几个方面：时事新闻、假日、节日、盛会等。尤其是节日和盛会，

比如奥运会期间、世界杯期间、国庆节期间、中秋节期间、情人节期间，等等。

2017年中秋节期间，昆仑山矿泉水推出了"月满中秋人团圆，珍贵好水送祝福"的活动（见图6-11）。

节日做活动时，需要注意以下几点：

（1）活动力度与节日的热度相匹配，以及各节日之间的间隔长短；

（2）以情感消费为主；

（3）消费时间集中，每个消费者的消费量较大；

（4）市场竞争异常激烈；

（5）消费者喜欢在节前相当长的一段时间就开始"消费节日"。

图6-11 昆仑山矿泉水中秋节活动

美业店必须打好提前量，在节日前的适当时间就开始线上、线下布置活动营销细节。比如强化铺市、投入媒体广告宣传、加强终端宣传、开展强有力的针对通路成员或消费者的促销活动等。

借助互联网媒体进行活动营销时，一定要侧重情感上的部署。

美业店需要根据自身店铺特点提炼出节日的情感连接点，并赋予品牌与该连接点相符合的主题，简单说，就是要找到品牌和节日的契合点，这样设计出来的营销活动才能有实效。

店铺在进行媒体或终端宣传时，应将店铺产品或者服务的实际利益所体现的情感主题告诉消费者。

北京丽都医疗美容医院在 2017 年 9 月 22 日（中秋节前期）推出了一个这样的活动：盛情中秋，爱你不止一种"姿势"（见图 6-12）。

这家美容医院并没有一上来就搞活动促销，而是用一个小故事引出了美丽的意义：

"从小立志 8 岁要梳爱司头、10 岁要穿高跟鞋的张爱玲，9 岁时第一次投稿给《大美晚报》，得到了生平第一笔稿费——5 元钱，大人们都认为这笔钱应该留作纪念，可她一转身就拿这笔钱去买了当时流行的 Tangee 丹祺口红。无论哪个年纪、哪个年代，女人对美的追求都是很实诚的……"

图 6-12　北京丽都医疗美容医院中秋福利活动

继而引出下面一段情感上的交流：

"小时候偷偷翻过姐姐和妈妈的化妆盒，趁大人们不在家时悄悄练习化妆。曾多少次站在橱窗前望着里面的华服徘徊又徘徊，爱做明星梦却没有功利心，只是羡慕女明星们永远精致的妆容和穿不完的美衣裳……"

最后推出中秋活动福利：

"爱美是每个女孩儿的专利，每个爱美的女孩儿都是可爱的精灵。盛情中秋，爱你不止一种'姿势'，俪姐给爱美的你们带福利来喽。"

具体是什么福利已经不重要了，重要的是客户已经被字里行间流露出来的女孩对美的渴望与追求所打动。有了这种情感上的共鸣，接下来无论是什么活动，都能顺利推广了。

6.8.2 开门红营销的五大"爆点"活动策略

在活动营销中，美业店还应该积极学习"开门红营销"。先来看一下开门红营销的五大痛点：

（1）活动效果聚焦不到位；

（2）活动客户群针对性不到位；

（3）活动氛围营造配套不到位；

（4）员工技能及话术等营销工具不到位；

（5）时间节点规划不到位。

针对这五大痛点，美业店应该拿出相应的方案，也就是开门红五大"爆点"活动策略：

（1）对目标客户进行分析。美业店首先要搞清楚目标客户是哪些人，然后切合目标客户的需求来展开活动，并且注重情感联系。

（2）对主题活动的策划和设计要有节点。在营销节点上，大的主题是开门红（通常是指春节期间的营销），小的主题则可以创新不断。美业店一定要搞清楚主题活动的形式是什么，可结合的适销产品有哪些，促销方案是否科学合理，标题和内容是否有吸引力。

（3）对营销氛围的营造。确定主题活动后，活动氛围营造要从两方面展开，一是静的方面，二是动的方面。静的方面，如临街橱窗、外置的活动宣传栏等的布置，主题活动的宣传单张、广告的设计是否吸引客户，色彩是否能带动营销，等等。动的方面，指的是人，这点往往也是最容易被忽视的。比如在圣诞节期间，美业店内的营销人员全都穿圣诞老人的服装并不现实，但戴上圣诞帽却是可行的，这样做更容易让客户融入你所营造的活动气氛中。

（4）对主题活动的前期推广。一个开门红活动营销的成功与否，与前期的预热有莫大的关系。可通过拜访老客户、设点宣传、网络媒体宣传等方式进行前期推广。前期推广是蓄势，可以吸引新客户到访。

（5）对主题活动的执行、维护和后期跟踪。再好的活动，只有落地执行后，才会有良好的反馈。因此，美业店一定要做好相应的准备：分工到位、责任到人，要注意节点的安排是否妥当顺畅，活动执行过程中突发调整是否有预案和负责人，等等。另外，活动营销人员每天都要对活动进行总结，并在后续工作中对不完善之处做出改进。

第七章

连锁智慧：股权设计帮你快速复制 N 个门店

　　没有一个美业店老板会只满足于开一家店，可以说，复制连锁店是每个美业店老板的梦想。想要开连锁店，必须要懂得股权设计，懂得连锁经营。本章将带领美业店老板学习如何连锁开店，包括连锁店的开店时机选择、股权设计、核心人才选择、合伙模式等。这是一个既科学又系统的连锁智慧体系，有了它，复制连锁店的梦想离实现就不远了。

7.1 复制连锁店是每个美业店老板的梦想

有些老板开美业店很久了，甚至长达十几年，但是仍然只有一家店面。而有些老板刚进入美业行业不久，就接二连三地开始了多家连锁分店的经营。通常来说，没有人不想自己的店铺做大，也没有人不想创造更多的财富，可是为什么会有如此大的差别呢？

想要开设一家分店，需要从多个方面去考虑。

1. 选择开分店的时机

我们知道做任何事情都要讲究"天时、地利、人和"，尤其是开店。"天时"就是大环境，指的是做事情的时机成不成熟，当然，这包括外部时机和内部时机。如果时机不够成熟，将会导致扩张失败，甚至会严重打击老板的自信心和积极性。有时候，表面看起来可以开连锁分店了，但时机却并未成熟，一时冲动做出的决定，只会以失败告终。

（1）客户需求时机。

什么是客户需求时机？即当前店内已经容纳不了太多的客户，服务不了更多的客户，而且客户越来越多，出现了服务上的"供不应求"

现象，甚至于如果不开分店很可能会让客户流失。在这样的情况下开分店，属于真正的发展需要、市场需要。

（2）抢夺市场时机。

美业店老板需要及时根据市场变化以及人们生活和消费习惯的变化来抢占先机。比如，随着住房越来越多，社区也有更多的服务需求，于是在社区开设美业店成为一件非常有必要做的事。此外，还有一些商业开发地带，更是美业店的最佳市场所在。在这些空白市场中，谁若能抢占更多份额，谁就会获得更大利润。如果条件允许，可以在这个时机成熟的情况下开设分店。

（3）品牌时机。

美业店老板必须要明白，品牌就是价值，品牌就是实力。美业店更需要打造自己的品牌。所以，开设连锁分店的目的也必须是为了实现品牌效应，创造更多收益。

如果在市场中，你只有一家店，那么就很难形成规模，品牌效应也会相对较低。连续开设多家分店，在地域分布上做出合理安排，是建立品牌、赢得客户信任的有效途径。

在这里也有一个大概标准，如果一家美业店开设多年，有了一定规模且拥有固定的客户群（大概500人以上），同时又有一定的口碑和知名度，那么就基本具备了品牌时机，此时就可以开设连锁店。

（4）市场竞争时机。

随着美业行业的不断发展，美业店扎堆开设的情况越来越多，因此也就有了大量的同业竞争对手。在这种情况下，就可以考虑在附近开设分店，形成规模效应，由此打造竞争优势。比如，肯德基、必胜客采取的就是这种竞争策略。

2. 具备内在条件

美业店老板想要开分店，自身还需要具备一定条件。俗话说："打铁还需自身硬。"如果自身不具备过硬的内在条件，恐怕就算开设连锁分店，也很难成功。

（1）技术支撑点。

想要开设分店，你的美业店必须在技术上过关，要么有一个过硬的项目，要么是整体有特色。比如，你的美业店祛斑项目非常好，你的店铺美发效果很好，你的店铺护肤水平一流，等等。总之，你的店铺的技术、产品或是服务项目必须要有特色，这是你开设连锁分店的一个技术支撑点。如果缺少了这个技术支撑点，那么你的分店即便开了，也会很难经营下去。对一家美业店来说，没有特色，没有技术，就等于没有市场竞争力。

（2）管理完善。

开设连锁分店，在运营中必然有很多东西需要复制，尤其是管理。如果之前的美业单店本身没有相应完善的管理系统，那么接下来，在新的分店运营过程中，你就会发现很难有持续发展能力。

如果你的店铺已经形成了一套行之有效的管理体系，那么在开设分店时，简单复制即可，成功的概率会很高。这个成熟的管理制度包括员工架构、岗位职责、工作制度、薪酬制度、股权设计等。

（3）人力资源充足。

人力资源是开设连锁分店的重要资源。如果没有人才，一切都将是空谈。开设分店必然需要从总店抽出一部分带头人去分店做管理，如果之前的美业总店的人力资源很少，必然会带来总店人手短缺的麻烦。因此，如果没有充足的人才，就很难开设分店。

（4）资金充足。

开设分店需要在财务上做好预算。很多开连锁分店的人，对这方面认识不够，往往拿着现有单店赚的钱，往连锁分店里填。如果连锁分店运营得好，基本没有问题，一旦分店运营不好，就会成为总店的包袱，后果将不堪设想。所以，在没有充足的资金做后盾的情况下，最好不要开设分店，否则将会是一项十分冒险的决策。

（5）做好全年营销规划。

开设一家新店，需要经历亏损、持平、盈利、增长四个阶段。

美业店老板需要事先做好全年的营销规划。亏损阶段很可能持续的时间会比较长，那么，如果出现这种情况该如何应对呢？这是长期营销规划中需要考虑的一个重要内容。

很多经营者在经历这个阶段时往往因为没做好足够的心理准备而不知所措，甚至盲目请求援助，最终不但影响了总店的生意，也会让分店以失败告终。这里强烈建议美业店老板在开设分店之前一定要把全年营销规划当成一个重要任务来认真完成，要分阶段、有步骤地安排营销活动，而且要对人员安排、活动预算、效果预测、临时调整等细节做出通盘考虑。

7.2 从单店到连锁，复制店铺开一家火一家

在当前竞争激烈的市场中，只有形成自己的连锁店覆盖，才能获得更大的市场份额。但这不代表你开一家分店就会火一家，事实上，开一家倒一家的情况倒是比较常见。那么，如何从单店到连锁店，让美业店在复制过程中，开一家火一家呢？这是每个老板都非常关心的问题。

7.2.1 开店要数量，更要质量

在本章第一节，我们讲述了开连锁店是每个美业店老板的梦想，并且给老板们列举了开连锁店的内外时机。有了开分店的条件之后，想要让分店火起来，还需要考虑很多因素，做出通盘规划。很多美业店的老板往往只追求开分店的速度和数量，于是在一年之内迅速开设了多家分店，投入了大量资金，看似在市场中占据了很大份额，但时间久了，却发现根本经营不下去，最终只能关门大吉。

事实证明，无论你的资金、技术力量多么雄厚，都不能快速盲目地以数量为重点，而是要以质量为优先考虑因素。开一家要保证一家的

质量，店面设计、员工素质、产品定位、项目组合等方面都要精心部署，待经营稳定，有了相对固定的客源之后，如果各方面时机成熟，再考虑开设第二家、第三家……

那么，如何在质量上达标呢？

1. 分店在风格上要呼应总店风格

分店在环境上要符合消费者的意愿，并且要呼应总店的风格。比如，平均一年开设 800 多家分店的名创优品，在环境上就十分注重消费者的意愿。名创优品的分店购物环境分为两个层面：第一是装修，第二是陈列。在此基础上，还建立了一系列的标准化制度，指导全球店铺的统一装修和陈列。

其装修特征如图 7-1 所示。

> 白色基调、开阔空间和太空箱

> 平均每家店铺 SKU3000 个左右，货架高度 1.5 米，店铺层高在 3 米左右

> 天花板以白色为主，靠墙的边场货架上通常设置二层到四层的白色背景，黑色图案的太空箱

图 7-1 名创优品的装修特征

在商品摆设方面，名创优品采取先进先出、丰富饱满和二指原则（即商品之间的缝隙容得下两根手指）。

2. 分店在技术管理上也要注重质量

很多消费者往往不愿意去美业分店消费，就算总店人再多，等候时

间再长，也愿意在总店消费。这是因为：总店人员技术好，分店人员技术欠缺。对消费者来说，花同样的钱，自然想要获得更好的服务。所以，在开设分店时，美业店老板一定要在分店人员安排方面做足功课。要每一家连锁店都保持超高的水准，技术人员配备是重中之重。在人员配备方面，明智的老板会在开店前的相当长一段时间内就着手准备，可以从外部招聘技术过硬的人，也可以内部培养。总之，不管通过任何方式，分店的人员，尤其技术工种，一定要保证专业性。从某种意义上说，分店技术人员的水平直接决定着分店经营的成败。

7.2.2 连锁店的店铺机制是否和总店一样

为什么别人能够开展连锁，你却只能守着单店呢？

很大一部分原因在于老板没有建立一套完善的美业店运营机制。美业店老板在单店经营中总是摸着石头过河，就算有了经验和教训，也没有形成体系。而且单店经营相对简单容易，老板可能也不会花费过多心思在制度建设上。试想一下，单店都没有科学的运营机制，何以让分店发展得更好？

作为美业店老板，如果想让你的门店业绩十倍增长，并且轻松复制成功美容美发连锁体系，必须要拿出一套可行的运营机制。

如今越来越多的美业店都在朝着正规化、规模化、连锁化的方向发展，而且发展速度越来越快，新一轮的竞争也随之而来。假如你的总店经营得非常红火，想要分店也能同样红火，就要认真思考分店是否也按照总店模式来经营。

需要分析的要素如图 7-2 所示。

> **单店和分店进行对比：**
> 从地理位置、人力资源、技术特色等方面对比分析

> **资金方面：**
> 不同投入的店面在经营中也不一样，你投入多少，就要付出多少时间和精力去经营和维护

> **店铺规模：**
> 用数据来分析分店规模大小

图 7-2　分店经营模式的分析要素

从这些方面仔细分析，可以得出一份分店经营报告。这份报告会指引你最终做出科学的决策，也就是决定连锁店的店铺机制是否要和总店一样。如果不一样，就要针对连锁店的特点，建立与之相匹配的科学合理的新机制。

7.2.3　每家连锁店都要有自己的特色

如果你想让分店也火起来，必须要使分店具有自己的特色。我们可以这样设想一下：你是一名消费者，如果看到两家一模一样的店，你会怎么办？你很可能哪家也不选择，最终去了第三家。当然你也可能会随便进入其中一家，甚至会觉得可能有一家店是"盗版"店铺。

没错，如果你打算开分店，就要详细规划分店的特色，打造一家独具特色的分店才能让消费者眼前一亮。在开分店时应注意以下几点：

1. 分店要和总店相呼应，不能脱离总店

让分店有自己的特色，并非是让它完完全全跳出总店的模式。你要

坚守一个大原则,那就是不能脱离总店,还要和总店的风格相呼应。当然,除了在logo、宗旨等方面有呼应之外,还应该在店内的一些细节上看到总店的影子,如镜面台、某一幅壁画、产品等。

2. 根据分店地址和消费人群属性来打造分店的独特性

我们打个比方,总店在城南,分店在城北。城南的消费者多为社区人群,十分广泛,而城北则是互联网高新产业园较多,消费者多是IT从业者。那么,分店的特色就不能完全和总店一致,一定要突出为互联网新型员工服务的特色,打造一家专属IT人士的美业店。

3. 打造主题特色分店

美业店老板还可以在分店经营中加入一些创新元素。比如,可以为每个分店设计一个主题：A分店主打时尚,B分店彰显复古范儿,C分店走朋克风……这样,不但总店和分店形成一个大的体系,在具体风格上又各具特色,这样可能把不同偏好的消费者"一网打尽",即便是同一个客户,也可以根据自己的心情选择到不同特色的分店消费。

7.3 留住连锁店核心人才,用股权给他戴上"金手铐"

一家连锁店的成功源于多方面因素,其中一个就是人才。在美业店的连锁模式中,店长、技术总监、技术顾问、助理等人才都发挥着作用。通常情况下,店长、技术总监是店铺的核心,在店铺经营中起到至关重要的作用,甚至影响整个店铺的声誉。

一个优秀的核心人才可以让店铺生意兴隆、财源广进。只有留住这些核心人才,才能让店铺长久发展。那么,如何才能留住人才呢?股权激励的方式可谓最佳选择。明智的老板会用股权给美业店的核心人才戴上"金手铐",让他无法离开。

在门店激励模式中,有工资、福利等直接性的激励,但是这些激励相对来说比较短暂。而股权激励更具复杂性和长远性。若股权激励实施得当,便能够在很大程度上挖掘出管理层、骨干员工的潜力,推动美业店的快速发展。

美业店做股权激励,其目的有两个:第一,留住核心人才;第二,通过利益捆绑,激发员工更大的工作热情,提高责任心和事业感,从而提升绩效,实现多赢。

简单来说,实行股权激励是美业店提高团队凝聚力和绩效的利器,也是美业店永续经营的必由之路。

但是,对核心人才进行股权激励时,需要注意的环节如图7-3所示。

- 激励的对象必须是美业店的管理层人员或者技术核心人员
- 股权激励必须要以股权或者股票的形式来执行
- 股权激励必须是长期性的
- 股权激励的目标必须是以美业店长远发展为前提

图7-3　对核心人才进行股权激励需注意的环节

在深圳有一家美业店，店内有三位非常优秀的技术总监，两位来自意大利美发艺术学院，另一位来自日本东京，他们都拥有多年技术经验。

这家美业店因为有了这三位技术人员，不断开设分店，而且每家分店都经营得很好，获得的利润自然也很可观。为了能够获得长期发展，这家店对三位技术总监分配了股权，每家分店每年都要根据上一年的利润分给这三位技术总监相应的股权。

如此一来，这三位技术总监就有了两重身份，一个是店铺的员工，另一个就是店铺的所有者。在这两重身份下，他们能获得两份收入，一份是工资收入，另一份是股权分红收益。

这种方式为这家美业店的发展带来了巨大的推动作用，也为美业店造就了一批极其忠诚的人才。员工在持有股权之后，不再觉得是为店铺打工，而是为自己打工。因此，技术总监的工作热情和积极性被充分调动起来，其他员工的干劲儿也越来越足，美业店的业绩越来越好，形成了一个良性循环。

与此同时，这种人才持股的方式也吸引了更多优秀的技术人才加入进来，为这家店铺不断注入新鲜血液，让店铺发展得更快。

一家美业店在人才持股方面获得成功之后，其他美业店也会很快认识到人才持股对美业店发展的重要性，继而纷纷效仿。

美业店的老板还应该从大局出发，给那些对店铺发展做出过突出贡献或者起到关键作用的人员分配股权，比如一个优秀的店长。事实证明：一个优秀的独具市场敏锐力和察觉力的店长，可以给店铺带来科学的思路，并为店铺发展做出合理的规划和市场企划。

7.4 选择适合美业店的股权激励方案

了解了股权激励对一家美业店的重要性之后，我们就要好好学习一下股权激励的模式了。股权激励不是喊口号，而是一种非常复杂且科学的模式，它有很多种方案。美业店老板要选择最适合自己店铺的股权激励方案。在选择股权激励模式之前，先要了解股权激励的不同模式。

7.4.1 股票期权模式

股票期权模式，主要是指企业给予一些核心员工在一定期限内按照固定的期权价格来购买一定份额的企业股票的权利。需要注意的是，在行使期权的时候，可以享受期权的员工只需要支付给予期内的期权价格，无论当日股票的市场交易价是多少。换句话说，期权价格和当日市场交易价之间的差额就是这位员工得到的利益。在这种模式下，股票期权的行权是有时间和数量限制的，而且需要员工掏腰包来购买。

股票期权模式是企业采取的最主要的一种股权激励模式。当然，这里的股票期权主要是指上市企业实施的股票期权。很多美业店在做大规模时，想要上市，或者已经上市，便可以把这种股权激励的方式当成一种激励模式来考虑。

股票期权持有者得到的其实是一种选择权，他们可以根据具体的情况来选择行权或者不行权。当然，企业授予员工股票期权是有一定条件的，需要对其进行严格的绩效考核。

7.4.2 限制性股票模式

限制性股票是指股票持有者在股票处置上受到一定的限制。这种限制来自两个方面：一是股票的获得条件，主要是指激励对象在业绩上的表现和考核；二是指股票的出售，在限制期间禁止出售。也就是说，激励对象可以持有企业股票，但是却不能出售。股票持有者在解锁期间需要分期解锁，不能一次性解锁。而且一旦激励对象在限制期内有考核不合格、业绩不足、出现重大问题被解雇等情况发生，那么企业所授予的股票一般会按照授予时的价格回购注销。

限制性股票模式通常分为两种：折扣购买限制性股票和业绩奖励型限制股票。前者员工需要支付现金购买股票；后者是企业免费配给。当然，也可以两者结合。

7.4.3 虚拟股票模式

虚拟股票也被称为股票增值权，是指企业在一开始给予激励对象一定数量的虚拟股票，并且以授予时股票的二级市场价格或者一定程度上的折扣作为将来的行权价。激励对象可以根据这一点享受一定数量的分红权和股价升值收益。

激励对象对虚拟股票没有所有权和表决权，这也意味着这些股票不能被转让和出售。从这点来看，获得虚拟股票的人并不是真正地拥有股票。

对于非上市企业来说，虚拟股票如果以账面价值也就是每股净资产作为计价标准，那么行权收益等于行权时的每股净资产减去授予时的每股净资产，差额的部分由企业用现金支付。

虚拟股票实质上是一种奖金的延期支付，在公司内部记账，不需要审批程序，所以操作简单，可以有效避免很多违规操作的问题。

7.4.4 业绩股票模式

业绩股票模式其实很好理解，主要就是指在年初时，企业为激励对象确立一个业绩目标，该员工在年终如果达到预定的业绩目标，那么企业会提取一定的奖励基金通过二级市场购买本企业股票将其给予激励对象。

业绩股票主要有三种类型：

第一种是业绩股票在授予激励对象之后，该员工就完全拥有了股票的所有权，可以自由处置；或者企业将奖励的基金直接交给激励对象，要求激励对象用于在二级市场购买企业股票。这个类型的业绩股票在本质上是一种特定目标奖金。

第二种是在 2006 年《上市公司股权激励管理办法》实施之前的业绩股票股权激励，业绩股票被授予激励对象之后，激励对象不能立刻自由处理，一般会在时间上加以约束。

第三种是 2006 年《上市公司股权激励管理办法》实施之后按照这个规定实行的业绩奖励型限制股票。这种模式比较稳定，适合那些业绩稳定、需要进一步提高业绩同时现金流量比较充足的公司。

7.4.5 账面价值增值权模式

股票的账面价值又称股票净值，是指每股普通股所代表的企业净资产。它表示股东在理论上持有的企业财产，即股东权益的会计反映，也可以说是股票所对应的企业当年自由资金价值。

计算股票的账面价值的公式如下：

股票净值总额 = 企业资本金 + 法定公积金 + 资本公积金 + 特别公积金 + 累计盈余 - 累计亏损

每股净值 = 净值总额 ÷ 发行股份总权

账面价值增值权属于对激励对象的长期激励，它的主要特点就是以公司的账面价值作为激励对象的激励参照，从而在很大程度上避免了由股票市场价格的不可控因素导致的偏离公司实际价值的问题。对美业店来说，这是一种相对来说比较公平的激励方式。

7.4.6 期股模式

期股是一种特殊的股票。期股模式是指由企业授予一定数量的企业股票，锁定在激励对象的个人账户中。在锁定期间内，这些股票不能变现，但激励对象拥有这些股票的分红权，可以用分红来支付购买股票的费用。只有激励对象实现了公司规定的业绩目标，才能将这些股本变现。

7.4.7 延期支付模式

延期支付模式是指公司将激励对象的部分薪酬按照当日企业股票市场价格折算成一定的股票数量，并且存入企业为激励对象单独设立的延期支付账户。在一个固定的时间，或者是激励对象退休之后，企业以股票形式或者根据期满时企业股票的市场价格用现金方式兑现给激励对象。

很显然，这种方式是最长期的股权激励模式之一，对激励对象也最具约束性。也就是说，企业把激励对象的一部分薪酬化作了股票，并且长时间锁定起来，这就大大增加了员工的退出成本，促使其长期在企业内发展。这种模式的可操作性非常强，不需要证监会批准，因此也是一种普遍的股权激励措施。

合伙模式：做好合伙连锁店的股权详细规划

美业店为什么要走复制连锁的道路呢？很多人可能认为，与其把钱分着放在不同的店，不如把钱放在一个篮子里，好好经营单店，一样可以赚大钱。这个想法没有问题，但是却不能让美业店做大、做广。

美业店连锁经营有四个优势，如图 7-4 所示。

规模优势：
统一形象、统一宣传、统一进货、统一核算、统一库存、统一管理

物流优势：
统一配送，节省流通费用，降低成本

消费优势：
连锁经营容易产生定向消费信任和依赖

定向供应优势：
消费者在产品质量上可以得到保证

图 7-4　美业店连锁经营的四个优势

美业店连锁有三种形式，如图 7-5 所示。

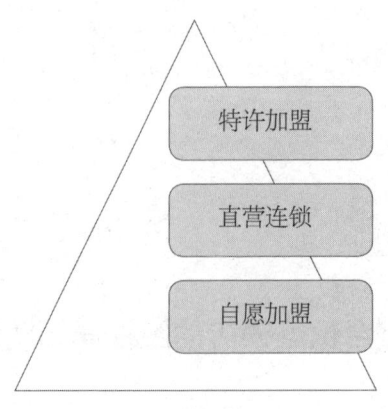

图 7-5　美业店连锁形式

在连锁开店的模式下，由于经营、资金等方面的需要，很多人会选择合伙开店，在这种情况下，就必须要做好合伙人之间的股权详细规划。

7.5.1 根据合伙人角色分配股权

首先，美业店老板需要考虑的因素就是企业的各方面职责分别由哪些合伙人负责，当然有些合伙人可能会担任多个角色。我们主要从三个方面来分析核心合伙人角色。

1. 团队管理角色

这个角色体现为团队的召集者，换句话说，就是美业店创始想法的提出者和践行者，主要负责公司融资等战略性事宜，也就是大家通常说的意见领袖和灵魂人物。

2. 产品和技术角色

这个角色体现为公司产品（技术）开发的主导者，往往是公司的技术合伙人，可能还与灵魂人物及负责业务运营的合伙人共同扮演产品经理的角色。通常是指美业店的技术顾问、技术总监等。

3. 业务和运营角色

这个角色体现为公司产品推广和运营的负责人，往往具有相关行业的运营经验、资源和人脉，对公司的收益起主要作用，通常指美业店的销售和运营人员。

了解了合伙人的重要角色之后，就要根据角色来分配股权，具体的标准要按照贡献值大小来制定。

下面来看一下按照"身价"的贡献值是如何分配股权的（流程）：

（1）初始（每人均分100份股权）。我们给每个人100份股权。假设公司现在有三个合伙人A、B、C，那么一开始他们的股权分别为100、100、100。

（2）召集人（股权增加5%）。召集人可能是企业CEO，也可能不是CEO，但如果依靠他的影响力召集了大家一起来开店创业，他就应该多获得5%的股权。假设A是召集者。现在A、B、C的股权结构为105、100、100。

（3）创业点子及执行很重要（股权增加5%）。如果创始人提供了最初的创业点子并执行成功，那么他的股权可以增加5%。

（4）迈出第一步（股权增加5%~25%）。如果某个创始人提出的概念已经着手实施，比如已经开始申请专利，或者其他对吸引投资或贷款有利的事情，那么这个创始人额外可以得到的股权，从5%到25%不等。

（5）CEO，即老板，应该持股更多（股权增加5%）。CEO作为对公司贡献最大的人，从道理上说应该拥有更多股权。一个好的CEO对公司市场价值的作用，要大于一个好的CTO（首席技术官），所以担任CEO职务的人股权应该多一点。

（6）全职创业（股权增加200%）。如果有创始人全职工作，而有些联合创始人是兼职工作，那么全职创始人就显得更有价值。因为全职创始人工作量更大，冒的风险也更大，因而应该拥有更多股权。

（7）信誉是最重要的资产（股权增加50%~500%）。如果创始人是第一次创业，而他的合伙人里有人曾经参与过风投并且拥有投资成功的项目，那么这个合伙人比创始人更有投资价值。在某些情况下，创始人会让投资人觉得非常值得投资，这时合伙人基本上消除了风险。这样的合伙人和创始人应该获得更多的股权。

（8）现金投入参照投资人投资。很可能某个合伙人投入的资金相对而言多得多。因为最早期的投资，风险也往往是最大的，所以投资多的人理应获得更多股权。

最后进行计算。如果最后计算的三个创始人的股份分别为200、150、250，那么将他们的股份数相加即为600，这是总数，再计算他们每个人的持股比例，也就是33%、25%、42%。

7.5.2 签署合伙人股权分配协议

选择了合伙人之后，美业连锁店并没有万事大吉，还有一个非常重要的步骤，那就是签署股权分配协议。

没有约束，就没有良好的发展。许多美业店都容易出现一个问题：合伙开设连锁店的初期，大家一起打拼，不会计较各自占多少股份和怎么获取这些股权，因为此时的公司，股权就是一张"空头支票"。当公司前景越来越清晰、发展越来越好时，初期的合伙人会越来越关心自己的利益，如果此时再讨论股权怎么分，很可能会导致不必要的分歧，甚至会让整个团队内部出现矛盾，最终影响连锁店的发展。

因此，若想经营稳健、发展长久，在创业之初，合伙人就应该做好股权分配规划，并且签署股权分配协议。只有这样，权责明确，利益分配清晰，大家才能心往一处想、劲儿往一处使，全身心地投入到连锁店的管理和运营当中。

7.6 设计股权生命线：开多少店都不能失去控制权

无论开多少家分店，美业店老板都应该想办法通过股权的方式来将企业的控制权掌握在自己手中。有太多的老板因为没有设计好股权方式而逐渐被他人"掏空"，导致自己辛辛苦苦开的店，认了他人做"爹"。为了拥有绝对的控制权，必须要科学合理地设计股权模式。专业研究股权的人发现，股权架构设计上有9条典型生命线，把握好了这9条线，美业店创始人就能既获得控制权，又不失去优秀的管理人才（见图7-6）。

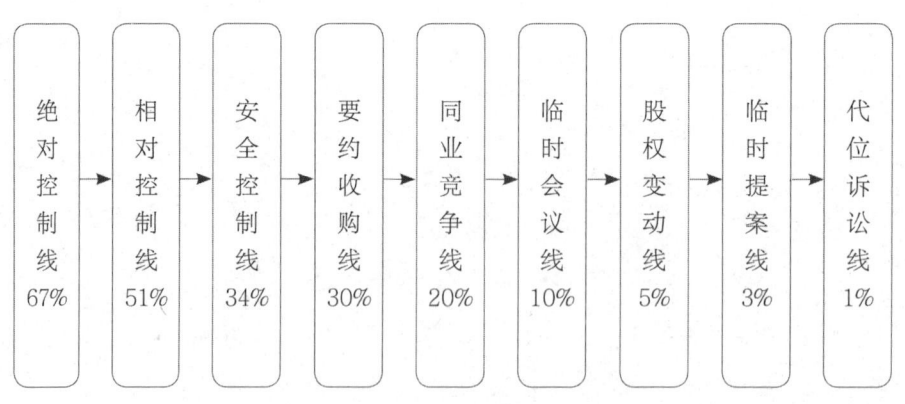

图 7-6　股权生命线

接下来我们具体分析每条股权生命线。

1. 绝对控制线：67%

绝对控制线是指创始人掌握企业 67% 的股份，对企业修改公司章程、合并、变更主营项目、重大决策等有绝对控制权。

《中华人民共和国公司法》（以下简称《公司法》）第四十二条规定：股东会会议由股东按照出资比例行使表决权；但是，公司章程另有规定的除外。

关于该条款，要注意下面几个问题：

（1）确定"经代表三分之二以上表决权的股东通过"中的"以上"是否包括本数。

《中华人民共和国民法通则》第一百五十五条规定：民法所称的"以上""以下""以内""届满"，包括本数；所称的"不满""以外"，不包括本数。《公司法》对"以上"等含义没有相关解释和规定，因此《公司法》中的"以上"应包括本数。

（2）明确"三分之二"转换为百分比后，不止包括 67%，还包括 66.7%、66.67%、66.667%。

（3）《公司法》第四十二条规定"公司章程另有规定的除外"。这句话说明，可以不按出资比例行使表决权，可以依照《公司法》规定的三分之二，也可自行约定一个比例。

（4）有限公司与股份有限公司在表决问题上各有不同规定，不能等同。

2. 相对控制线：51%

这条股权生命线是指创始人占据企业股份的 51%，对企业的重大决策表决有相对控制权。从法律层面上来说，这只是一个相对的控制权，一部分事项由创始人决定，但是涉及重大事项、增资减资，以及企业的解散、注销，创始人并没有决定权，需要股东会投票进行。

3. 安全控制线：34%

安全控制线是指创始人对董事会的决议拥有一票否决权，也可以理解为创始人对企业的控制处于一条安全线上。

根据《公司法》规定，企业的重大决策需要三分之二以上表决权通过，如果有一个股东拥有超过三分之一的股权，另一方的表决权就无法达到三分之二以上，那么该企业的重大决策就无法通过。如此，就代表创始人只要拥有 34% 的股份，就拥有了控制企业的生命线，即安全控制权。但是，对于其他只需要半数以上通过的事宜，创始人就无法拥有否决权。

4. 要约收购线：30%

要约收购线主要针对上市企业，初创企业并不涉及。如果企业有上市需求，就需要关注 30% 这个点。如果企业已经上市了，某位股东持股 30%，他要想控制企业，就需要加大股份占比。但是，《中华人民共和国证券法》和《上市公司收购管理办法》中都有规定：如果要收购该企业，已经有 30% 股份的股东需要向所有股东发出通知，表明自己的收购意图。

5. 同业竞争线：20%

是指上市企业所从事的业务，与其控股股东所控制的其他企业，或实际控制人所控制的其他企业所从事的业务相同或相近，双方构成直接或者间接的竞争关系。法律上对此并无明确规定。通常情况下，公司股东只要拥有 20% 股权，就不能到同行业其他企业工作或者任职，否则是违法行为。这也是企业股权设计中的同业竞争警示线。

6. 临时会议线：10%

临时会议线是指股东如果拥有 10% 的股份，就可以拥有举行临时会议的权利，并拥有临时提出疑问、调查、起诉、清算、解散公司的诉权。因此，在设计股权架构、做股权激励或者引进投资者时，最好不要让企业的某个利益小团体的持股比例超过 10%。

7. 股权变动线：5%

股权变动线是指上市企业如果有超过 5% 的股份要转让或者变更，就需要进行公示与披露。除此之外，《公开发行证券公司信息披露编报规则（第 12 号）——公开发行证券的法律意见书和律师工作报告》（证监发〔2001〕37 号）第三十八条有以下规定：发行人是否存在持有发行人股份 5% 以上的关联方，如存在，说明发行人与关联方之间存在何种关联关系。发行人与关联方之间是否存在同业竞争，如存在，说明同业竞争的性质。根据该规定，IPO 审核中同业竞争的判断范围扩大至持有拟上市公司 5% 以上的关联方，包括：持有拟上市公司 5% 以上股份的法人股东及其控制的企业，以及直接或间接持有公司 5% 以上股份的自然人股东的直系亲属所控制的企业。

8. 临时提案线：3%

临时提案线是指企业股东拥有 3% 的股份，就拥有临时提案的权利。《公司法》第一百零二条规定：单独或者合计持有公司 3% 以上股份的股东，可以在股东大会召开十日前提出临时提案并书面提交董事会；董事会应当在收到提案后两日内通知其他股东，并将该临时提案提交股东大会审议。临时提案的内容应当属于股东大会职权范围，并有明确议题和具体决议事项。

9. 代位诉讼线：1%

代位诉讼线是指企业股东如拥有 1% 的股份，就可以拥有间接的调查与起诉权，也称派生诉讼权。《公司法》第一百五十一条规定：董事、高级管理人员有本法第一百四十九条规定的情形的，有限责任公司的股东、股份有限公司连续 180 天以上单独或者合计持有公司 1% 以上股份的股东，可以书面请求监事会或者不设监事会的有限责任公司的监事向人民法院提起诉讼；监事有本法第一百四十九条规定的情形的，前述股东可以书面请求董事会或者不设董事会的有限责任公司的执行董事向人民法院提起诉讼。

附录

一家成功的美业店所需的工具明细

附录一　美业店客户调查问卷模板

×××美容店消费者调查问卷模板

尊敬的女士/先生：

　　非常感谢您在百忙之中参与我们的问卷调查。为了能给您提供更好的服务，我们正在进行一项调查，需要耽误您几分钟时间填写问卷。请您放心，您所填写的所有信息仅供本次调研使用，对您的信息我们会进行严格保密，非常感谢您对我们的支持和帮助！

Q1：您的性别？
　　□ 男
　　□ 女

Q2：您的年龄？
　　□ 18岁以下
　　□ 18~25岁
　　□ 26~35岁
　　□ 36~50岁
　　□ 50岁以上

Q3：您多久去一次美容店？
　　□ 一个星期
　　□ 一个月
　　□ 两到三个月
　　□ 三个月以上

Q4：您每月花在美容院的费用是多少？

□ 500 元以内

□ 500~1000 元

□ 1000~2000 元

□ 2000 元以上

Q5：您认为自己目前的身材状况属于？

□ 偏胖

□ 一般

□ 没有曲线

Q6：您去美容院是为了什么？

□ 美容师的专业意见

□ 项目需求

□ 放松身心

□ 交友、增加友情

□ 其他

Q7：您不去美容院的原因是什么？

□ 没时间

□ 对美容不信任

□ 觉得自己不需要

Q8：如果有一家您认为不错的美容院离您家很近，您是否愿意来做身体护理？

□ 是

□ 否

Q9：您更愿意体验哪种方式的身体塑形？

□ 仪器塑形

☐ 口服塑形

☐ 美容院搭配的方案疗程

Q10：您愿意花多长时间接受身体塑形项目？

☐ 1个小时以内

☐ 1~2个小时

☐ 3个小时及以上

Q11：您认为常到美容院是因为它能提供哪项服务？

☐ 更好的身体曲线

☐ 体重减少

☐ 美容护肤

☐ 其他

Q12：您期望的塑形周期是多久？

☐ 一周

☐ 29天

☐ 3个月

☐ 可以更久

Q13：您是否愿意在线填写尺寸与体重数据？

☐ 是

☐ 否

Q14：您平常都是通过什么渠道找到美容院的？

☐ 网络宣传

☐ 传单

☐ 广告牌

☐ 看到店面进店

☐ 朋友介绍

☐ 其他

Q15：您用过哪些美业网络平台？

☐ 河狸家

☐ 嘟嘟美甲

☐ 其他

☐ 没用过任何美业网络平台

Q16：您习惯用什么方式预约美容师护理？

☐ 电话

☐ 微信

☐ 直接去美容院

Q17：您是否接受线上预订上门服务？

☐ 接受

☐ 不接受

Q18：您在美业平台上看到喜欢的项目或美容院，是否愿意在线支付下单？

☐ 愿意

☐ 不愿意

Q19：您是否愿意在线评价美容院及美容师？

☐ 愿意

☐ 不愿意

Q20：您觉得效果不错是否会介绍给朋友？

☐ 会

☐ 不会

附录二 美业店收入与支出明细表

美容院收入与支出明细表

项目类型		1月	2月	3月	4月	5月	6月	7月	8月	9月	10月	11月	12月
总收入	营业额												
	消耗额												
总支出	电费												
	水费												
	房租												
	伙食												
	工商税务												
	促销广告												
	宿舍费用												
	产品成本												
	员工工资												
统计	总支出												
	工资占比												
	产品占比												
	开卡占比												
	消耗占比												
备注	工资占比=全员工资总和÷总营业额 产品占比=产品营业额÷总营业额 开卡占比=开卡总额÷总营业额 消耗总比=实际消耗÷总营业额												

附录三　美业店现金收支日/月报表

美业店现金收支日/月报表

收入					支出			
时间	项目	金额	美容师	主管	项目名称	金额	经手人	主管

附录四　美业店产品盘点表

美业店产品盘点表

品牌	商品名	单价	规格	上月库存	本月进货	本月出库				本月库存	
						自用	金额	销售	金额	数量	金额

附录五　美业店产品使用统计表

美业店产品使用统计表

店名：　　　　经手人：　　　　主管：　　　　时间：

时间	品牌品名		品牌品名		品牌品名		物品/消耗品统计
	自用	销售	自用	销售	自用	销售	

附录六　美业店促销效果评估报告

美业店促销活动效果评估报告模板

一、促销活动背景与目的

1. 活动背景：

2. 活动目的：

二、促销活动概述

1. 活动日期：

2. 活动地点：

3.活动方式：

方式一：

方式二：

方式三：

三、活动效果评估

赠品发放情况表

活动地点	活动场次	赠品发放情况					
		xxx产品（盒）	xxx产品（瓶）	xxx产品（盒）	xxx产品（盒）	xxx产品（瓶）	xxx产品（盒）
北京	场						
上海	场						
广州	场						
深圳	场						
总计	场						

销量统计表

统计指标	北京	上海	广州	深圳	总计
活动场次	场	场	场	场	场
×××产品销量					
×××产品销量					
×××产品销量					
×××产品销量					
进店消费人群数量					
高端消费数量					
中端消费数量					
低端消费数量					

四、促销活动总结

1．活动总结：

2．活动收获：

3．活动不足之处及改进方法：

五、促销活动费用使用情况

附录七　美业店员工工作职责

我们以美容院为例，来看一下店长和各级员工的工作职责。

一、店长工作职责

1．安排其他员工的工作，确定员工工作内容；管理员工的行为，同时对员工做好定期的考核；将上述报告提交给公司。

2．技术培训工作。对新员工做相关的技术培训并做好技艺的考核。

3．记录美容院经营和管理情况，掌握行业发展动态，并且将情况上报给公司。

4．制定好推广计划，并且组织人员做好推广活动。

5．负责整个美业店的管理工作，制定美业店发展的方针和计划。

关于店长的工作内容请见本书第二章的2.6.5节。

二、前台工作职责

1．自身要求：美容院的前台要求特别高。着装要得体，举止要大方，并随时保持微笑，以热情的态度来接待客户，要能做到耐心并且专心地为客户解答问题。

2. 面向客户：向客户介绍本店的服务项目和产品。

3. 接听电话：接听电话时，表达要清晰，语气要温婉平和，并做好通话记录。如果有电话预约，应及时向店长汇报。

4. 收账原则：认真收账，不做虚账和假账。

三、美容师工作职责

1. 严格按照美容院规定的流程和原则，为客户做好相关服务。

2. 态度热情，保持专业性。

3. 询问客户有哪些需求，根据客户的要求，巧妙推荐相应的项目和产品。如果客户想要了解本店的产品资料，需耐心向客户介绍。

4. 和客户建立良好的关系，取得客户的信任。

5. 客户消费完之后，询问客户的感受，并且与客户约定好下一次到店的时间。

6. 客户离开后，了解客户消费的服务项目和产品，做好记录，便于以后跟踪调查。

四、店长助理工作职责

1. 协助店长工作，帮助店长管理美容院各项事务。

2. 对店长分配的任务，应立即去执行，并且落实到位，做好记录。

3. 负责美容院各种设备、仪器的保养工作。

4. 负责美容院员工的调配工作，必要时协调各个岗位之间工作的衔接。

附录八　会员资格取得与申办程序

××会员资格取得与申办程序（以悦己会员为例）：

（1）签署《××会员入会须知》。（见本书第四章4.4.2节）

（2）填写《××会员入会申请表》。

（3）根据协议约定交付会员充值费用。

（4）根据办理手续交付有效证件与照片。

（5）办领××会员卡。

（6）××美容院会员卡。

每个会员都拥有一张标有××会馆标志及编号的精美权益卡（××会馆会员卡），权益人凭该会员卡在会馆消费时可享受会员待遇或相应折扣。

权益人遗失××会馆会员卡，应及时通知××会馆会员服务中心挂失并及时补办。补办时，收取手续费及制卡工本费：10元/张。

（7）入会方式。

• 标准级会员　　健康卡　　价值3000元

凡在××会馆一次性消费3000元或一次性充值3000元现金，即可成为本店的标准级会员，享受××会馆所有项目的8折优惠或会员待遇。

• 美丽级会员　　美丽卡　　价值7000元

当您成为本店的标准会员时，在3个月内累计消费7000元，或一次性充值7000元现金，您将成为美丽级会员，可享受××会馆所有项目的7折优惠和美丽级会员待遇。

- 宝石级会员　　宝石卡　　价值12000元

当您成为本店的美丽级会员时，在3个月内累计消费12000元，或一次性充值12000元现金，您将成为宝石级会员，可享受××会馆所有项目的6折优惠及宝石级会员待遇。

- 钻石级会员　　钻石卡　　价值20000元

当您成为本店的宝石级会员时，在3个月内累计消费20000元，或一次性充值20000元现金，您将成为钻石级会员，可享受××会馆所有项目的5折优惠及钻石级会员待遇。

（8）宝石卡会员转介绍受益。

（9）钻石卡会员权益内容。

附录九　悦己美容会员权益

一、钻石卡会员权益

1. 专属礼遇

获赠时尚礼品及个人专属护理用品一套（拖鞋、浴袍、毛巾等）。

2. 贵宾空间

享受高级VIP贵宾私属空间和高级健康管理师专业技术服务。

3. 积分兑换

消费任何项目都享受50%积分。

消费任何超值特惠项目或促销活动都享受25%积分。

消费任何原价产品都享受20%积分。

4. 新项目免费体验

享受悦己会馆引进的新护理项目各 4 次免费体验权利。

5. 新产品免费体验

享受悦己会馆指定 8 款新产品特价体验权利。

6. 节日浓情

享受国家法定节日及生日获赠浓情贺礼。

7. 会员联谊活动

定期参加悦己会馆举办的各种会员联谊活动，如瑜伽、酒会等。

8. VIP 会员年度抽奖和积分兑换活动

参加年度抽奖活动，获取丰厚奖品、时尚礼品和积分兑换。

二、宝石卡会员权益

1. 专属礼遇

获赠时尚礼品及个人专属护理用品一套（拖鞋、浴袍、毛巾等）。

2. 贵宾空间

享受高级 VIP 贵宾私属空间和高级健康管理师专业技术服务。

3. 积分兑换

消费任何项目都享受 40% 积分。

消费任何超值特惠项目和促销活动项目都享受 20% 积分。

消费任何原价产品都享受 15% 积分。

4. 新项目免费体验

享受悦己会馆引进的新护理项目各 3 次免费体验权利。

5. 新产品特价体验

享受悦己会馆指定 4 款新产品免费体验权利。

6. 节日浓情

享受法定节日及生日获赠浓情贺礼。

7. 会员联谊活动

定期参加悦已会馆举办的各种会员联谊活动，如瑜伽、酒会等。

8. VIP会员年度抽奖和积分兑换

参加年度抽奖活动，获取丰厚奖品、时尚礼品和积分兑换。

三、美丽卡会员权益

1. 贵宾空间

享受高级VIP贵宾私属空间和高级健康管理师专业技术服务。

2. 积分兑换

消费任何项目都享受30%积分。

消费任何超值特惠项目和促销活动都享受15%积分。

消费任何原价产品都享受10%积分。

3. 新项目免费体验

享受悦已会馆引进的新护理项目各2次免费体验权利。

4. 新产品特价体验

享受悦已会馆指定2款新产品免费体验权利。

5. 会员联谊活动

定期参加悦已会馆举办的各种会员联谊活动，如瑜伽、酒会等。

6. VIP会员年度抽奖和积分兑换

参加年度抽奖活动，获取丰厚奖品、时尚礼品和积分兑换。

四、健康卡会员权益

1. 贵宾空间

享受高级 VIP 贵宾私属空间和高级健康管理师专业技术服务。

2. 积分兑换

消费任何项目都享受 30% 积分。

消费任何超值特惠项目和促销活动都享受 15% 积分。

消费任何原价产品都享受 10% 积分。

3. 新项目免费体验

享受悦己会馆引进的新护理项目各 1 次免费体验权利。

4. 新产品特价体验

享受悦己会馆指定 1 款新产品免费体验权利。

5. 会员联谊活动

定期参加悦己会馆举办的各种会员联谊活动，如瑜伽、酒会等。

6. VIP 会员年度抽奖

参加年度抽奖活动，获取丰厚奖品和时尚礼品。

注：会员级别待遇，各项目根据店面情况可适当调整。

五、预约服务

1. 为了节省会员时间，提高服务效率，会员在每次护理结束时应向美容师预约下一次护理时间。

2. 会员因故修改或取消预约服务，应至少提前 2 小时通知美容顾问，否则视为违约行为。

3.会员违约处罚：会员每周到店低于3次，不得享受积分待遇。预约取消属违约，取消一次积分待遇。

4.未预约的会员，悦己会馆有权拒绝提供护理服务或者推后服务时间。

六、验证

1.会员前往悦己会馆消费时，必须主动出示会员卡，并由前台验证其会员身份，方可享受相应的优惠和服务。

2.持卡人的身份必须与会员卡注册时资料相符，身份不符悦己会馆有权拒绝接待，故会员不可将会员卡转租、转借他人使用。

七、会员权益保证金

会员卡费余额不足卡值10%时应及时补充会费，余额低于卡值10%不及时补充的，视为自动放弃会员资格，将不能再继续享受会员权益。

八、会员升级细则

会员有权向美容院提出升级申请，重新填写入会申请表，原会员卡卡上余额可充值到新卡上，并享受免费办理新卡优惠。

九、变更会员或退出会员

需要变更会员卡持有人姓名时，须事先向悦己提交变更或转让的书面申请，并注明由此产生的手续费和制卡工本费由原会员（或受让人）承担。经悦己会馆核实相关必备文件后，即可办理相关手续。

原会员持有会员卡——悦己会馆会员卡在办理变更或转让手续时必须交回悦己会馆，悦己会馆方可为受让人办理新的会员卡。新会员卡持有人必须遵守原会员与悦己签署的《悦己会馆入会会员章程》中约定的全部条款，并将填妥的《悦己会员入会申请表》留档给管理中心。

管理中心将根据申请表提供的信息将会员资料录入悦己会员信息库，并以此作为每次会员消费服务的核实工具。

十、悦己会员管理中心

1.悦己会员管理中心负责提供咨询、接待、办理悦己会员的有关事宜。为及时与各会员取得联系，会员变更通信地址或电话号码时，应及时通知服务中心。

2.服务中心热线：（略）

3.服务中心主要职能

（1）提供信息咨询；

（2）核实会员资格申请表等有关材料；

（3）协助会员办理入会手续；

（4）确认会员卡实际使用情况；

（5）会员消费统计；

（6）违规处理；

（7）档案保管和信息维护；

（8）提供会员护理服务预约；

（9）办理会员资格变更和转让；

（10）会员活动及优惠政策通知。

悦己会员管理中心负责对《权益使用手册》的有关内容进行解释。

十一、其他

1. 会员应遵守中华人民共和国法律及地方法规，不得影响美容院正常的经营管理秩序。

2. 悦己会馆保留对本手册的解释及修订权。